古刻華章

首都師範大學圖書館藏倉永齡舊藏歷代石刻拓片

中

首都師範大學圖書館 整理

國家圖書館出版社

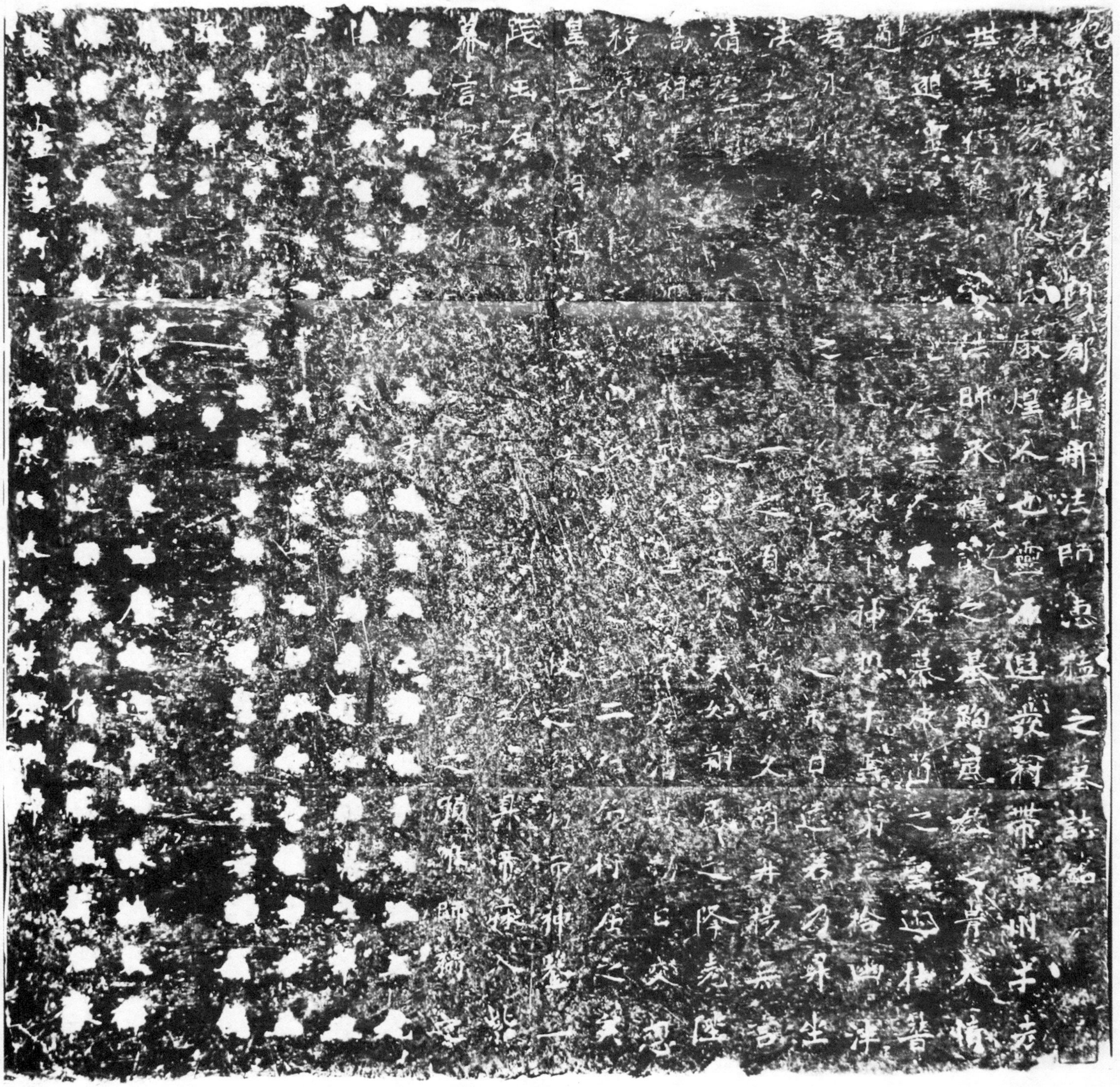

PT/106　惠猛墓誌　佚名撰

北魏正始年間（504—508）葬　河南省洛陽市出土

清末民國拓本　1張　69 cm×69 cm

正書

首題：魏故照玄沙門都維那法師惠猛之墓誌銘

鈐印：澹盦金石

倉永齡題簽：甲寅年得於河東；年月泐，孫氏《訪碑録》列入西魏

PT/244　元珍墓誌　佚名撰

北魏延昌三年（514）十一月四日葬　河南省洛陽市出土

民國拓本　1張　72 cm×66 cm

正書

首題：魏故尚書左僕射驃騎大將軍冀州刺史元公墓誌銘

鈐印：倉氏金石文字

倉永齡題簽：辛酉冬得於天津

PT/245　皇甫驎墓誌　（北魏）辛對撰

北魏延昌四年（515）四月十八日葬　陝西省西安市鄠邑區出土

清拓本　1張　115 cm×68 cm

正書

首題： 魏故涇雍二州別駕安西平西二府長史新平安定清水武始四郡太守皇甫君墓誌銘

鈐印： 澹盦所藏金石

PT/246　王紹墓誌　佚名撰

北魏延昌四年（515）閏十月二十二日葬　河南省洛陽市出土

清末民國拓本　1張　70 cm×69 cm

正書

首題： 魏故輔國將軍徐州刺史昌國縣開國侯王使君墓誌序

鈐印： 澹盦金石

PT/247　元彦墓誌　佚名撰

北魏熙平元年（516）十一月十日葬　河南省洛陽市出土

民國拓本　1張　56 cm×56 cm

正書

首題： 魏故持節督豳豫二州諸軍事冠軍將軍豫州刺史樂陵王元君墓誌銘

鈐印： 倉永齡印、澹盦所藏金石

倉永齡題簽： 戊午春得於沽上

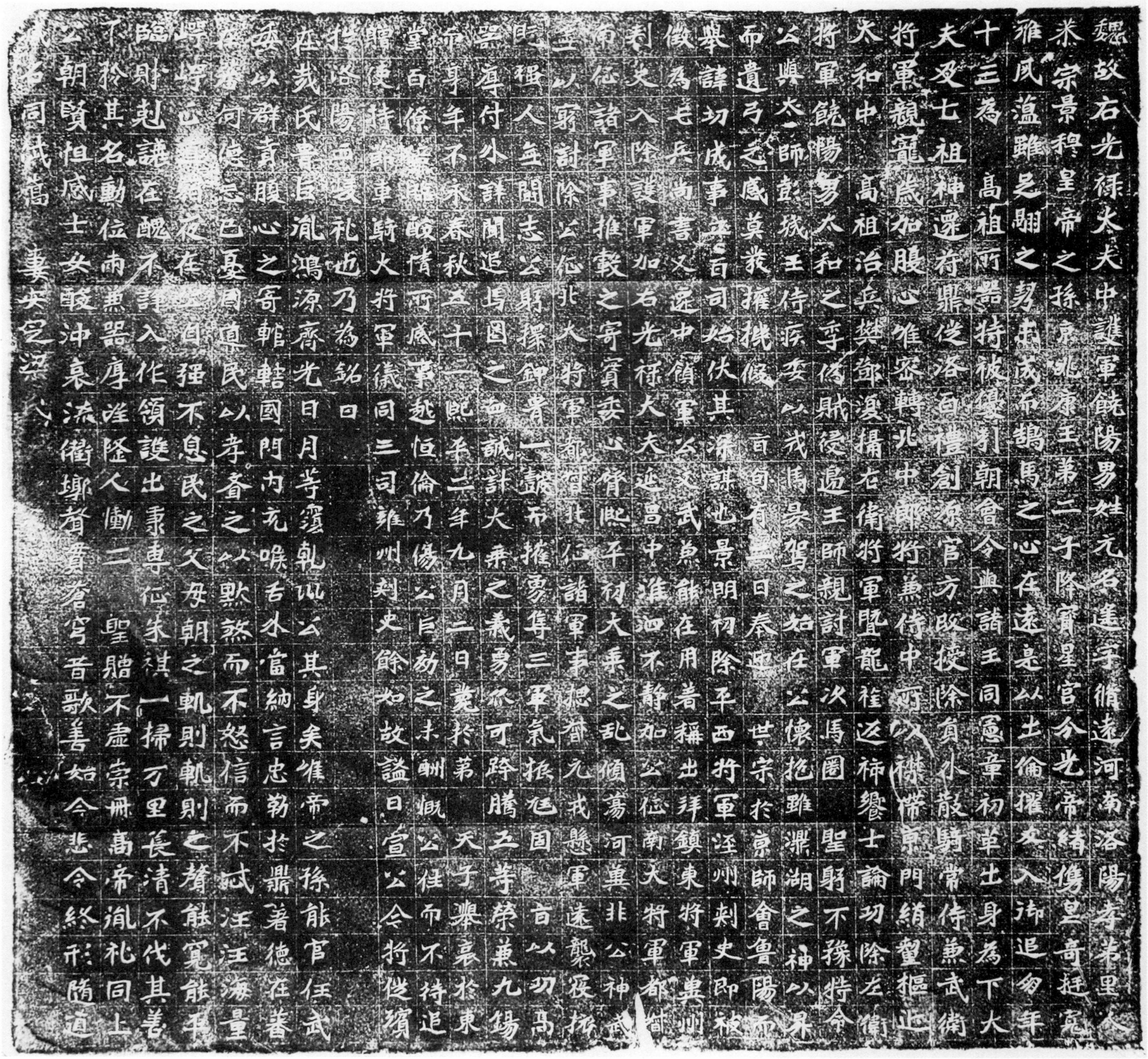

PT/248 元遥墓誌 佚名撰

北魏熙平二年（517）九月二日卒　河南省洛陽市出土

民國拓本　1張　59 cm×62 cm

正書

倉永齡題簽： 洛陽出土；

棣榮甥贈

ST/249 刁遵墓誌 佚名撰

北魏熙平二年（517）十月九日葬 河北省滄州市南皮縣出土

清拓本 2張 73 cm×64 cm（陽），72 cm×61 cm（陰）

正書

首題： 魏故使持節都督洛兗州（下缺）

鈐印： 滄盦金石、倉、滄盦、滄盦收藏

倉永齡題簽： 癸丑夏得於都門

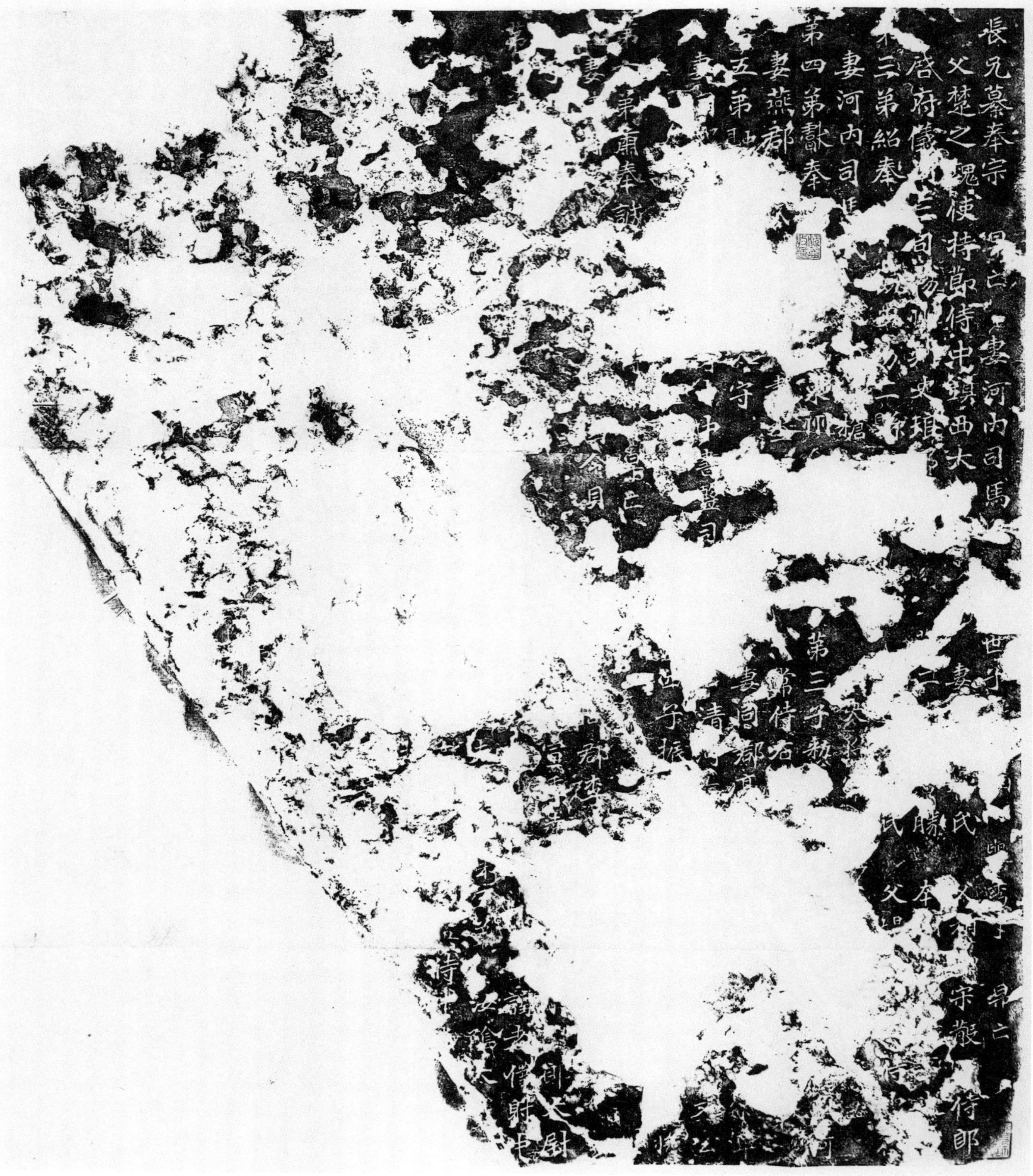
長兄慕奉宗
父楚之魏使持節侍中鎮西大
三弟紹奉
妻河內司
第四弟歆奉
妻燕郡

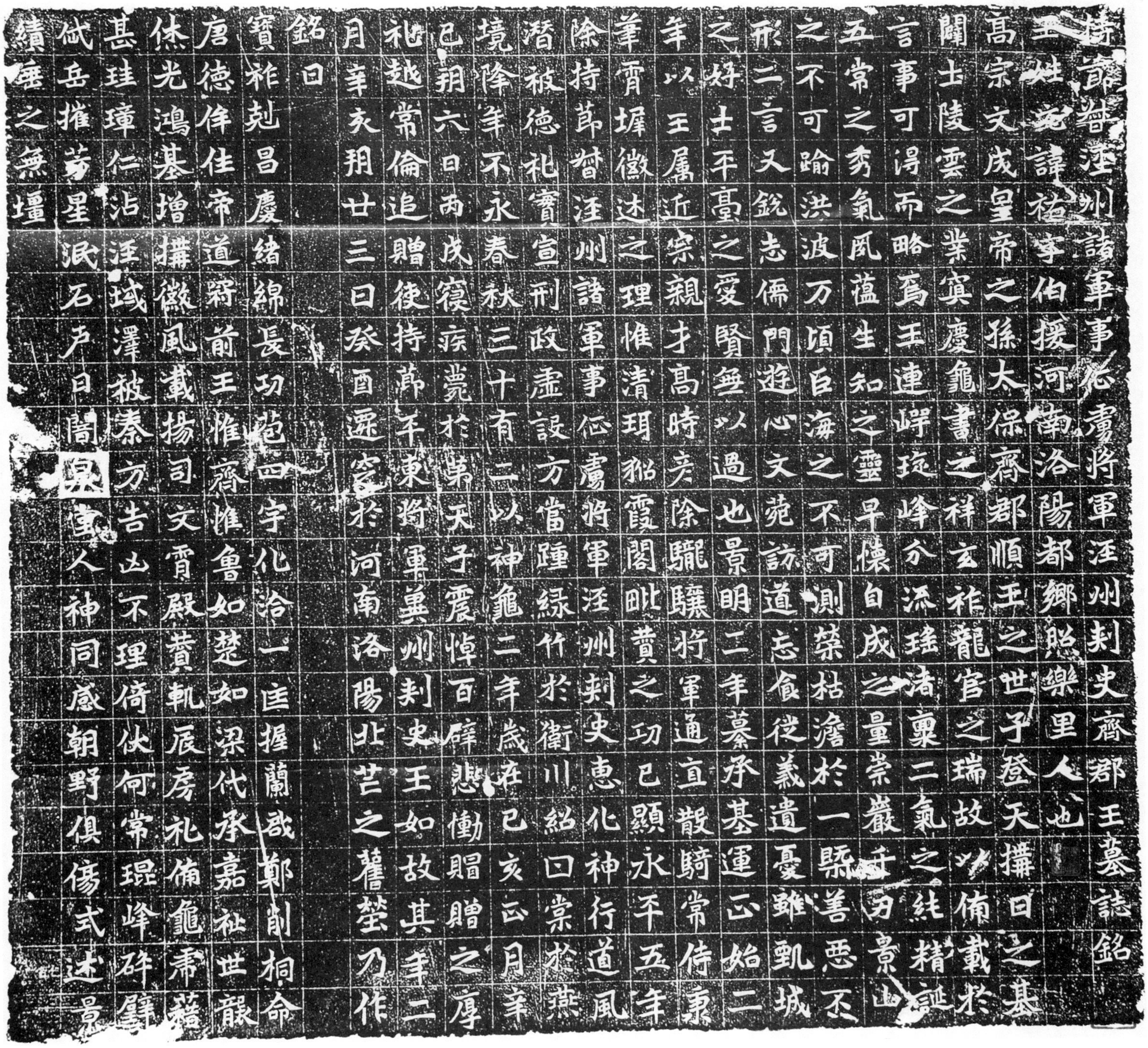
持節督涇州諸軍事征虜將軍涇州刺史齊郡王墓誌銘
王姓元諱祐字伯援河南洛陽都鄉照樂里人也
高宗文成皇帝之孫太保齊郡順王之世子登天攝日之基
闡士陵雲之業寘慶龜書之祥玄祚龍宮之瑞故以備載於
言事可得而略焉王連暉琁峰分派瑤渚稟二氣之純精誕
五常之秀氣風蘊生知之靈早懷自成之量崇巖千仞景山
之不可踰洪波万頃巨海之不可測榮枯澹於一驛善惡不
形二言又銳志儒門遊心文苑訪道忘食從義遺憂雖甄城
之好士平臺之愛賢無以過也景明二年纂承基運正始二
年以王屬近宗親才高時彥除驍驤將軍通直散騎常侍東
華胥握徽述之理惟清珥貂霞閣毗贊之功已顯永平五年
除持節督涇州諸軍事征虜將軍涇州刺史惠化神行道風
潛被德祀實宣刑政虛設方當踵綠竹於衛川紹甘棠於燕
境降年不永春秋三十有二以神龜二年歲在己亥正月辛
巳朔六日丙戌寢疾薨於第天子震悼百辟悲慟賵贈之厚
禮越常倫追贈使持節平東將軍兗州刺史王如故其年二
月辛亥朔廿三日癸酉遷窆於河南洛陽北芒之舊塋乃作
銘曰
寶祚剋昌慶緒綿長功苞四宇化洽一匡握蘭啟鄭削桐命
唐德侔佳帝道爲前王惟齊惟魯如楚如梁代承嘉祉世載
休光鴻基增構徽風載揚司文胥闕黃軌辰房禮備龜籌藉
甚珪璋仁沾涇域澤被秦方吉凶不理倚伏何常琨峰碎璧
儵岳摧芳星泯石戶日闇泉室人神同感朝野俱傷式述景
績垂之無壃

PT/252　元祐墓誌　佚名撰

北魏神龜二年（519）二月二十三日葬　河南省洛陽市出土

清末民國拓本　1張　59 cm×62 cm

正書

首題： 持節督涇州諸軍事征虜將軍涇州刺史齊郡王墓誌銘

鈐印： 澹盦收藏

ST/253 寇演墓誌 佚名撰

北魏神龜二年（519）二月二十三日葬 河南省洛陽市出土

民國拓本 1張 46 cm×46 cm

正書

首題：魏故汝南太守寇府君墓誌

鈐印：澹盦所藏金石

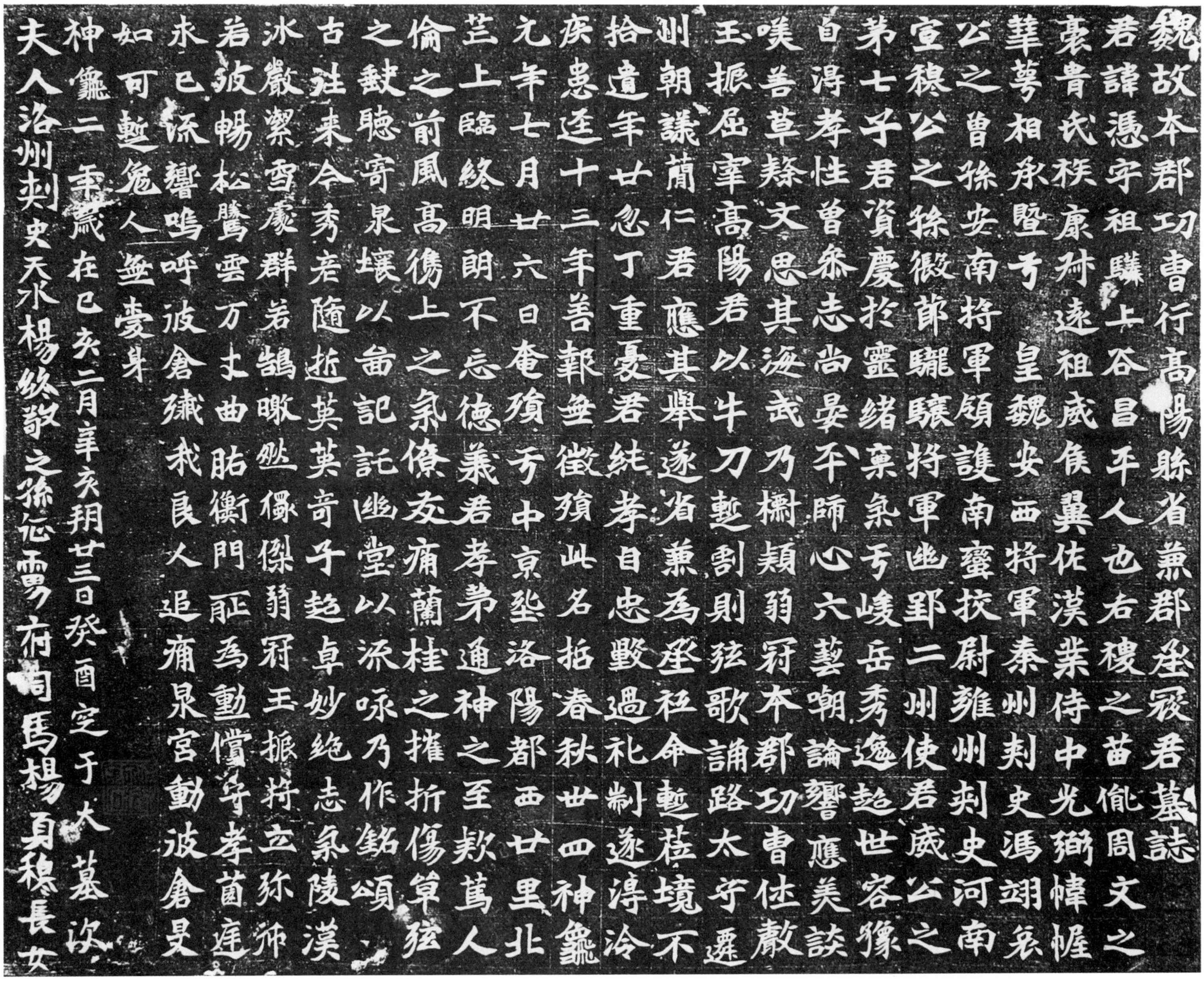

ST/254　寇憑墓誌　佚名撰

北魏神龜二年（519）二月二十三日葬　河南省洛陽市出土

民國拓本　1張　53 cm×63 cm

正書

首題： 魏故本郡功曹行高陽縣省兼郡丞寇君墓誌

鈐印： 澹龕所藏金石

ST/287　李璧墓誌　佚名撰

北魏正光元年（520）十二月二十一日葬　河北省衡水市景縣出土

清末拓本　2張　80 cm×82 cm（陽），36 cm×74 cm（陰）

正書

複本：PT/256

鈐印：倉氏金石文字

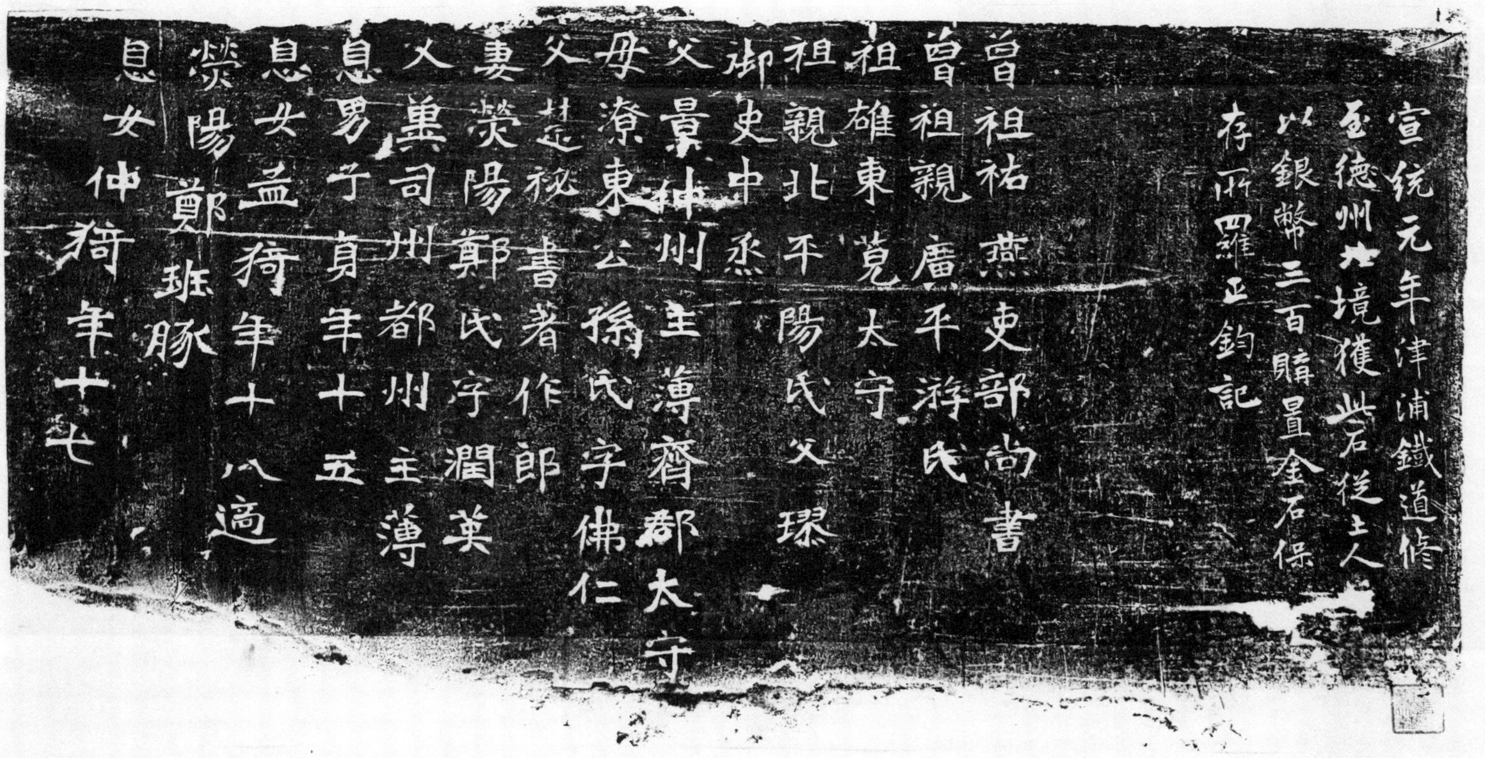
宣統元年津浦鐵道修
至德州北境獲此石從土人
以銀幣三百購置金石保
存所羅正鈞記
曾祖祐燕吏部尚書
曾祖親廣平游氏
祖雄東莞太守
祖親北平陽氏父璟
御史中丞
父景神州主簿齊郡太守
母潦東公孫氏字佛仁
父楚秘書著作郎
妻滎陽鄭氏字潤英
父巢司州都州主簿
息男子貞年十五
息女孟猗年十八適
滎陽鄭班豚
息女仲猗年十七

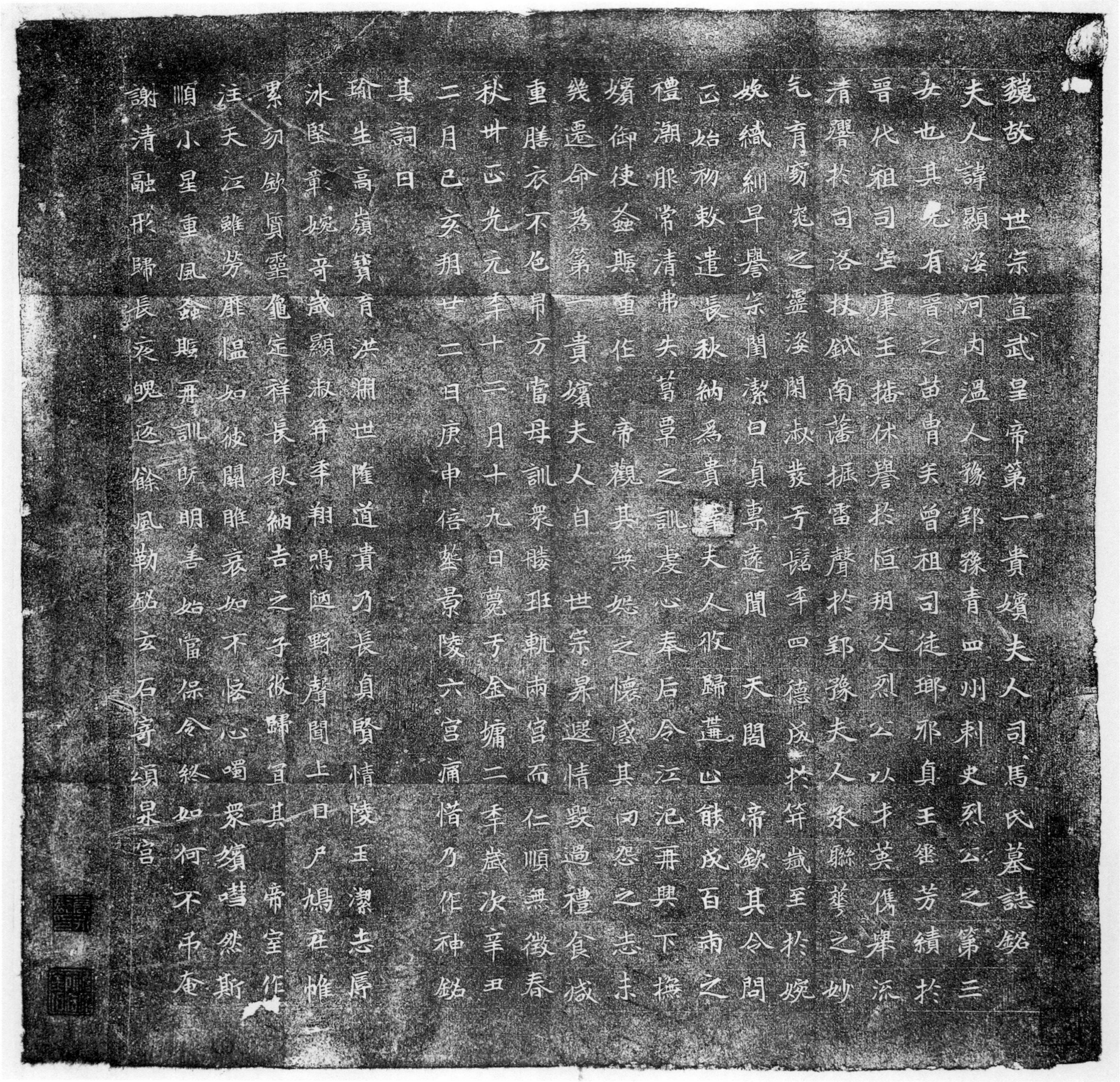

PT/259 元恪貴嬪司馬顯姿墓誌 佚名撰

北魏正光二年（521）二月二十二日葬 河南省洛陽市出土

民國拓本 1張 67 cm×67 cm

正書

首題： 魏故世宗宣武皇帝第一貴嬪夫人司馬氏墓誌銘

鈐印： 澹盦所藏金石、倉永齡印、堅孟過眼

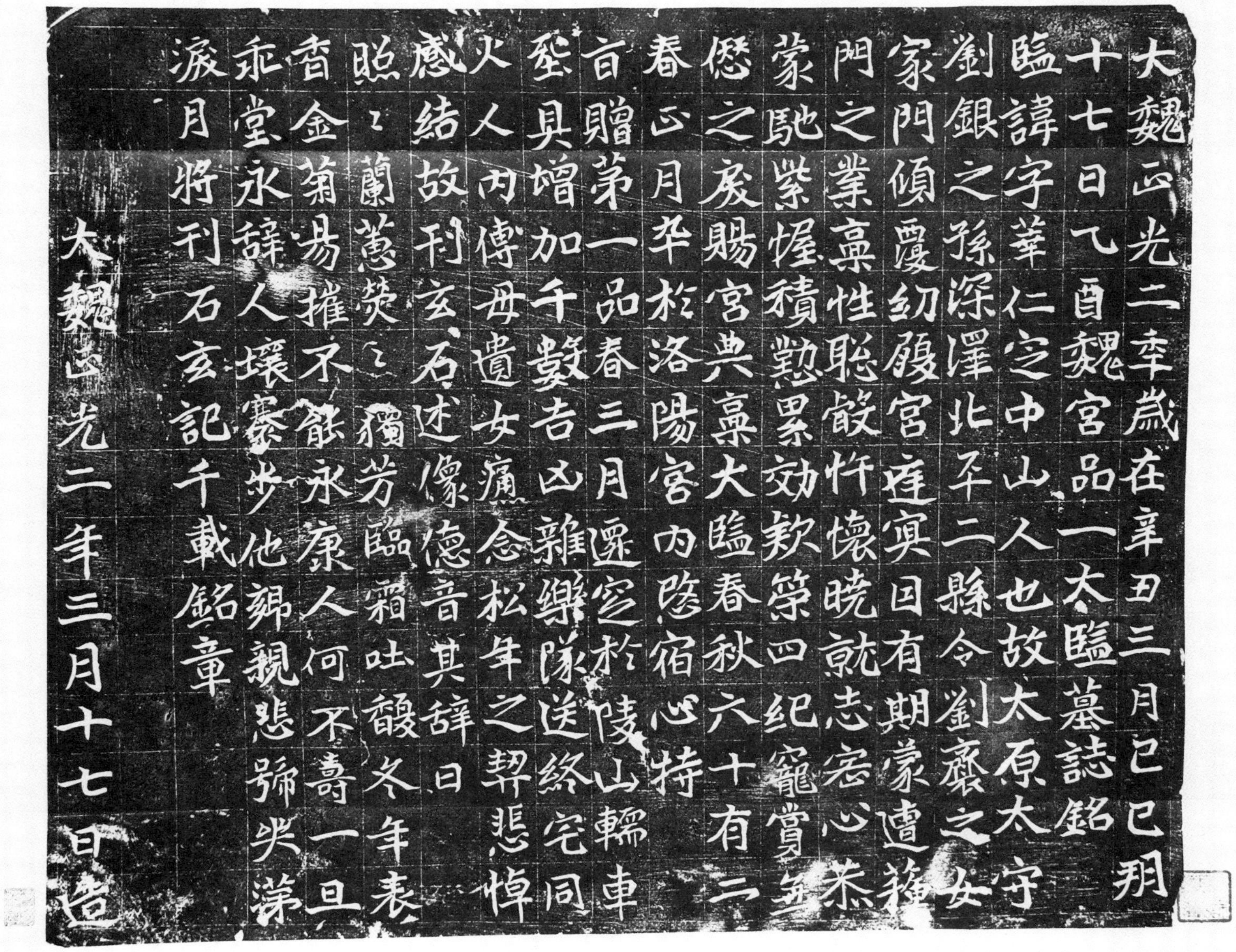

ST/258　劉華仁墓誌　（北魏）[王]遺女撰

北魏正光二年（521）三月十七日葬　河南省洛陽市出土

民國拓本　1張　44 cm×52 cm

正書

複本：ST/044

首題：大魏正光二年歲在辛丑三月己巳朔十七日乙酉魏宮品一大監墓誌銘

鈐印：澹盦

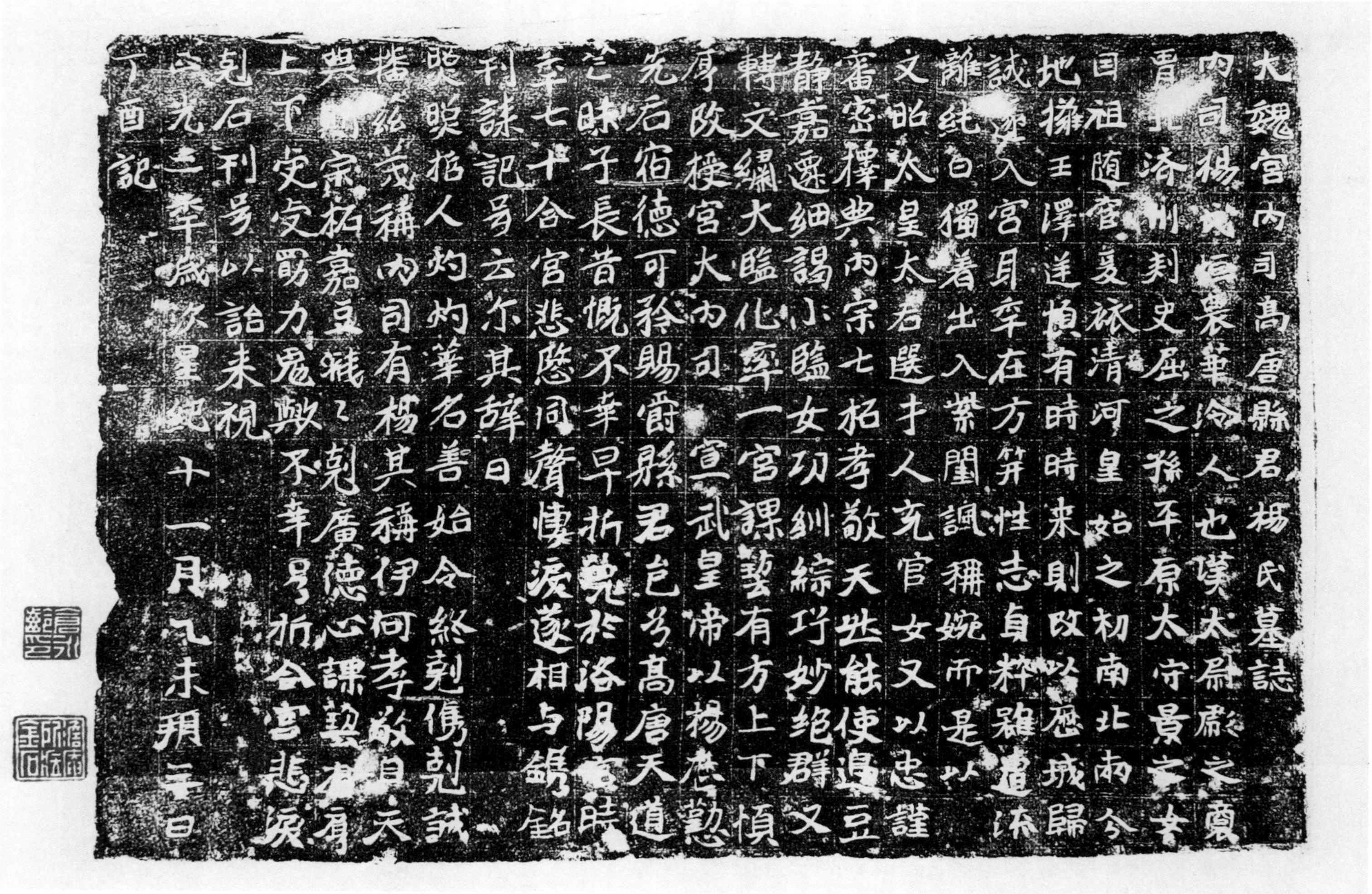

PT/260　楊氏墓誌　佚名撰

北魏正光二年（521）十一月三日葬　河南省洛陽市出土

民國拓本　1張　36 cm×51 cm

正書

首題： 大魏宮内司高唐縣君楊氏墓誌

鈐印： 倉永齡印、澹盦所藏金石

倉永齡題簽： 戊午春得於沽上

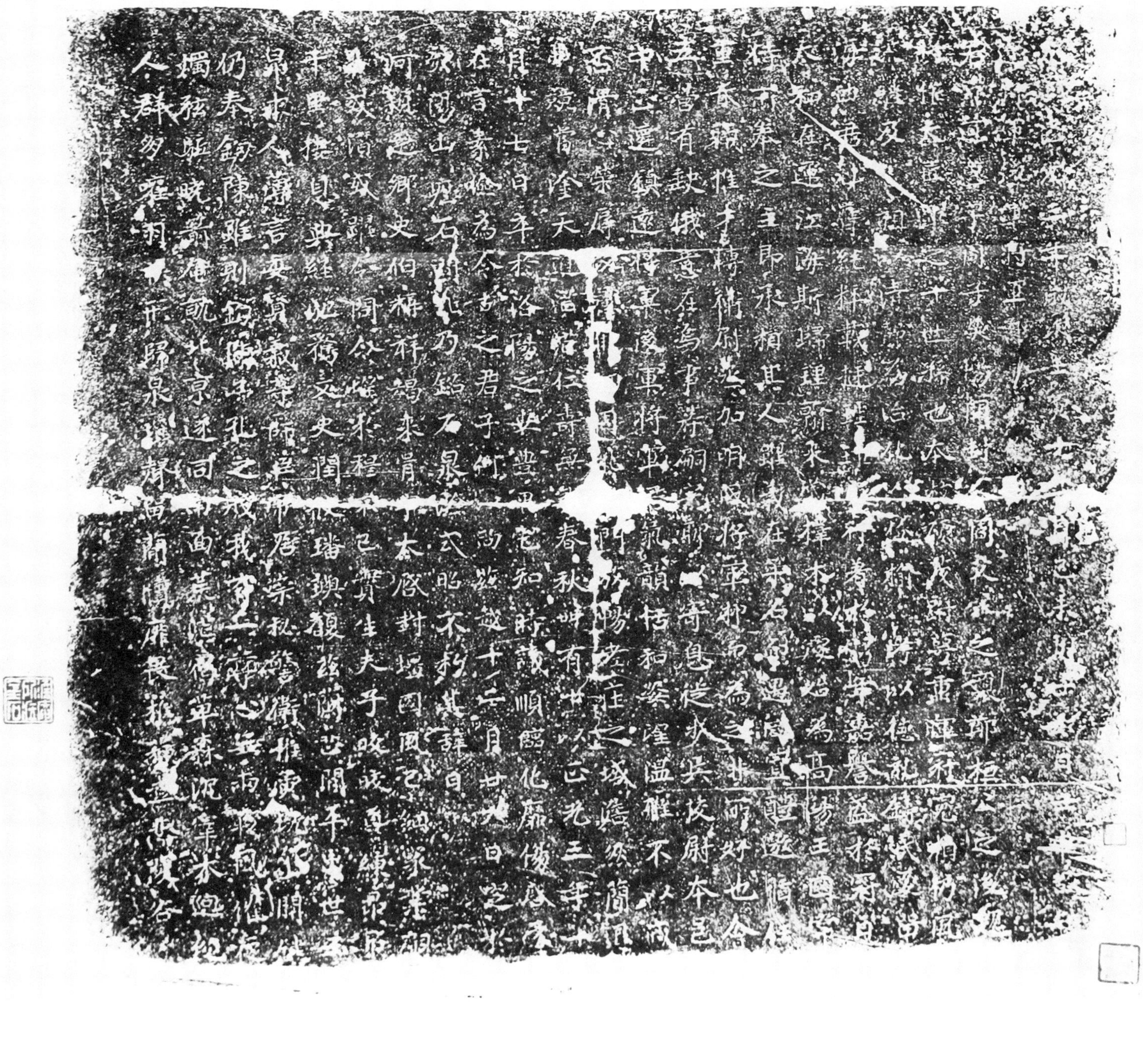

ST/261　鄭道忠墓誌　佚名撰

北魏正光三年（522）十二月二十六日葬　河南省鄭州市榮陽市出土

清末民國拓本　1張　60 cm×64 cm

正書

首題： 大代正光三年歲次壬寅十二月已未朔廿六日壬申故鎮遠將軍後軍將軍鄭公墓誌

鈐印： 澹盦、澹盦所藏金石、章鈺假觀

倉永齡題簽： 莫謹庵貽

ST/262 鞠彦雲墓誌并蓋 佚名撰

北魏正光四年（523）十一月二日葬　山東省烟臺市龍口市出土

清拓本　2張　25 cm×27 cm, 25 cm×29（蓋）

正書

蓋題： 黃縣都鄉石羊里鞠彦雲墓誌

鈐印： 永齡私印、倉氏金石文字、錫青、章鈺假觀、堅孟過眼

倉永齡題簽： 癸丑年得於山左

維大魏本州秀才奉朝請輔國府
長史鎮南府記室給事中尚書郎
中奉車都尉領郎中魏郡太守寧
遠將軍統軍本州司馬中堅將軍
翔兵雲以正光四年正月十六日
己祖瑋給事中祖母昌黎韓父延
增東萊太守東武侯母濟南解妻
武威賈中堅英才金聲含德玉潤
夙識朗於齠年貞芳茂於弱冠德
賁顏閔文通游夏拂纓朝伍則入
復感恩背帝邪府則齊魯易化而
主德消卯非得其門爲盡其義略
題闕好豈寫真明者哉維大魏正
光四年歲次癸卯十一月二日

魏故比丘尼統慈慶墓誌銘
尼俗姓王氏字鍾兒太原祁人宕渠太守虔象之女也稟氣淑真資
神休烈理懷貞粹志識寬遠故溫敏之度發自齠華而柔順之規邁
于成德矣年廿有四適故豫州主簿行南頓太守恒農楊興宗諧襟
外族執禮中饋女功之事既緝婦則之儀惟允于時宗父坦之出宰
長社率家從職爰寓豫州值玄瓠鎮將汝南人常珍奇據城反叛以
應外寇王師致討掠沒奚官遂為　恭宗景穆皇帝昭儀斛律氏躬
所養恤共　文昭皇太后有若同生太和中固求出家即居紫禁尼
之素行爰協上下秉是純心弥貫終始由是忍辱精進德尚法流仁
和恭懿行冠椒列侍護　先帝於弱立之辰保衛　聖躬於載誕之
日雖劬勞密勿未嘗懈其心力衰年暮莫敢辭其事寔亦直道之所
依歸慈誠之所感結也正光五年尼之春秋八十有六四月三日忽
遘時疹出居外寺其月廿七日車駕躬臨省視自旦達暮親監藥
劑逮于大漸餘氣將絕猶獻遺言以贊政道五月庚戌朔七日丙辰
遷神于昭儀寺　皇上傷悼乃垂手　詔曰尼歷奉　五朝崇重
三帝英名耆老法門宿齒并復東華兆建之日朕躬誕育之初每被
恩敕委付侍守昨以晡時忽致殞逝朕躬悲悼用惕於懷可給葬具
一依別敕中給事中王紹鑒督喪事贈物一千五百段又追贈比丘
尼統以十八日窆于洛陽北芒之山乃命史臣作銘誌之其詞曰
道性雖寂淳氣未離沖凝異揆緒素同規於昭淑敏寔粹光儀如雲
出岫若月臨池翠閣家難屯亶世故信命安時初睽末遇孤影易彰
窮晷難曙投迹四禪邀誠六渡直心既亮練行斯敦洞關非想玄照
無言注荷眷渥茲負隆恩空嗟落晷徒勖告存儔塹不久徂舟無舍
氣阻安般神疲旦夜延跨羣儀淹留鑾駕臧彩還撰夷襟從化悲緾
四衆悼結兩宮哀數加厚窆禮增崇泉幽閟景隴首悽風揚名述始
勒石追終　征虜將軍中散大夫領中書舍人常景文　李寧民書

ST/263　慈慶墓誌　（北魏）常景撰　（北魏）李寧民書

北魏正光五年（524）五月十八日葬　河南省洛陽市出土

民國拓本　1張　65 cm×65 cm

正書

首題： 魏故比丘尼統慈慶墓誌銘

鈐印： 吴興徐氏藏石

倉永齡題簽： 癸亥十二月得

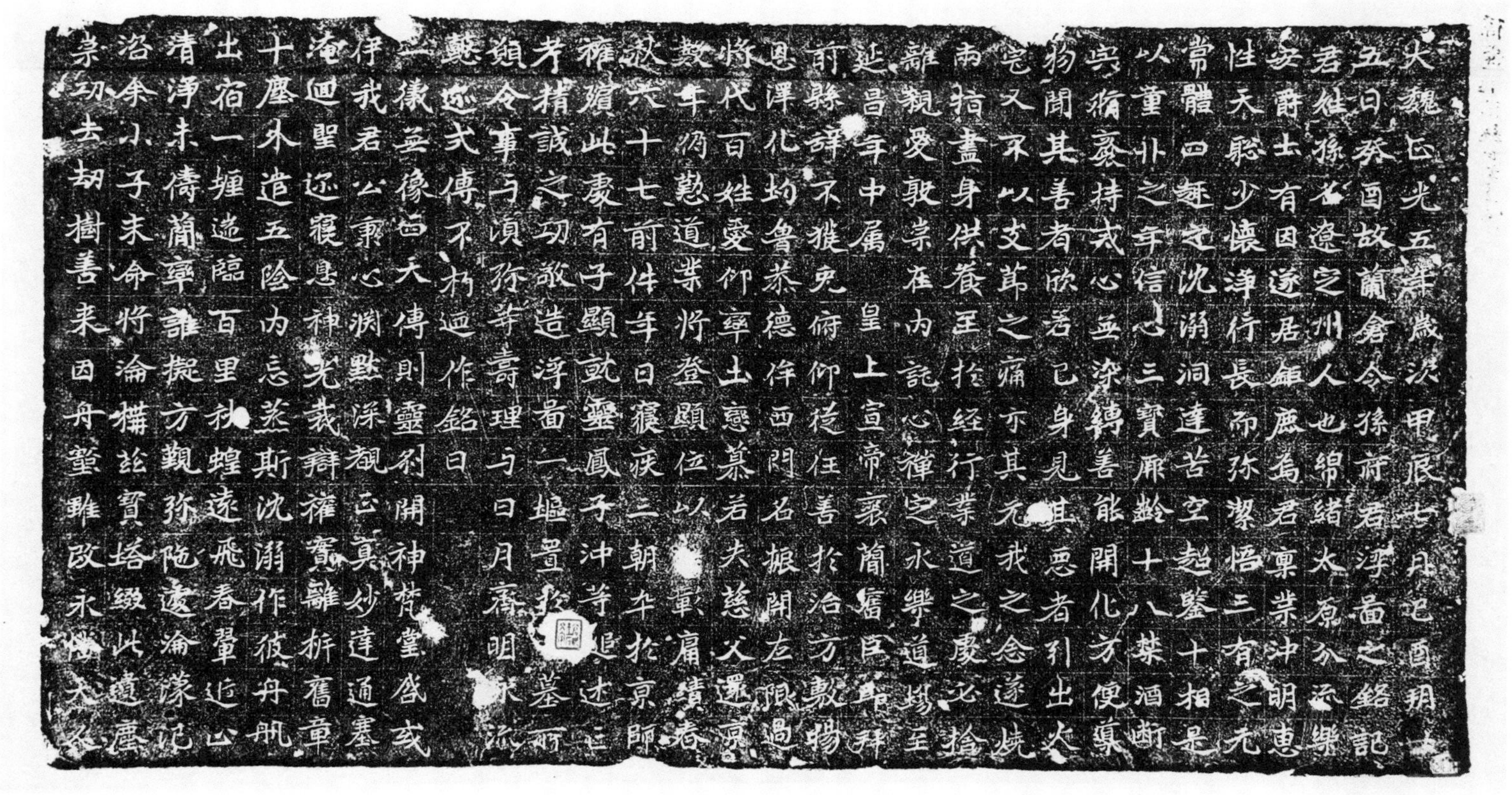

PT/264　孫遼浮圖銘記　佚名撰

北魏正光五年（524）七月二十五日造　河南省洛陽市出土

民國拓本　1張　33 cm×60 cm

正書

首題： 大魏正光五年歲次甲辰七月己酉朔廿五日癸酉故蘭倉令孫府君浮圖之銘記

鈐印： 澹盦、倉氏金石文字

倉永齡題簽： 己未冬得於山左

PT/265 元勰妃李媛華墓誌 佚名撰

北魏正光五年（524）八月六日葬 河南省洛陽市出土

民國拓本 1張 78 cm×78 cm

正書

首題： 魏故使持節假黄鉞侍中太師領司徒都督中外諸軍事彭城武宣王妃李氏墓誌銘

鈐印： 澹盦金石

PT/266　元悅妃馮季華墓誌　佚名撰

北魏正光五年（524）十一月十四日葬　河南省洛陽市出土

民國拓本　1張　69 cm×68 cm

正書

首題： 魏故樂安王妃馮氏墓誌銘

鈐印： 倉氏金石文字

倉永齡題簽： 辛酉得於津門

魏故懷令李君墓誌銘
君諱超字景昇本字景宗後承始䄙在江左者懸同故避改云秦
州隴西郡狄道縣都鄉華風里人也雅着高節敦襲世風言行足師
興作成雅循情孝友因心名義安貧樂道息説遇之襟介然峻特標
確爲之捺弱冠舉司州秀才拜奉朝請除恒農郡冠軍府録事參軍
事宰沁水縣巨政崇治绰居尤寡爲吏罪者所詮章憲臺誤聽被茲
深殃除名爲民於是廿年中浮沈閭巷玉潔金志卓尔無悶到熙平
二年甫更從官補荊州前將軍騎兵參軍事復作懷令已受拜垂垂
迷職遭疾正光五年八月十八日卒於洛陽縣之永年里宅時年六
十一孤貞華首訖於二邑門從無雨遠近酸恨懷之百姓長慕喪氣
雖陳留之袁望胡李觀不是過也越六年正月丙午朔十六日辛酉
葬洛陽縣覆舟山之東南玄壤難窮陵谷時異刻茲陰石照序光塵
泱泱顯族毅萬西垂代襲清則音炳羽儀道妙之門緒風屬斯惟祖
惟孝倜儻瓌奇昌謨迭鴐高蹤明規者量无隱玄邦不貲松循異貫
負應紛枝灼灼仔君山丘淵渟棲真宅正寢繩履程懿鑠爲質醇素
用情均治禮世氣重財輕亦既從招旁溢鴻聲隨牒出入密勿力誠
爰夜近邑先遵儀形絶交獨生化動陰賓尚德貽咎衆寶巨盡拂祉
歸来餞轅稀帶掬掬鄉閈万殊一會優柔善成无小无大垂白再仕
汎尓洺流階倫稍降盛業愈道逯作後城土女承佳覽頓方馳盡士
悲愁封節炯言引賞靡徵端恭安砥家裕虛薺權彼圯跡事開篇繪
長源未輸深齒乍卷藴此逸撰窆生徒逐茲宽易削疇妻難道楨栩
踈踈泉房寒遠孀孤内爛妹弟摧恒戚鏤沉石詺注幽篆
妻恒農楊氏父談爲鄭州主簿 息女益宜年卅六適恒農王始儁
郡中正 息女媛姿適遂西常彪侍御史 息女仲妃適武威賈子
謙涼州治中 息道沖 息女婉華 息女休顏 息女四輝
息道逸年十六 息道栖年十三

ST/267　李超墓誌　佚名撰

北魏正光六年（525）正月十六日葬　河南省洛陽市出土

清拓本　1張　54 cm×54 cm

正書

首題：魏故懷令李君墓誌銘

鈐印：澹庵收藏

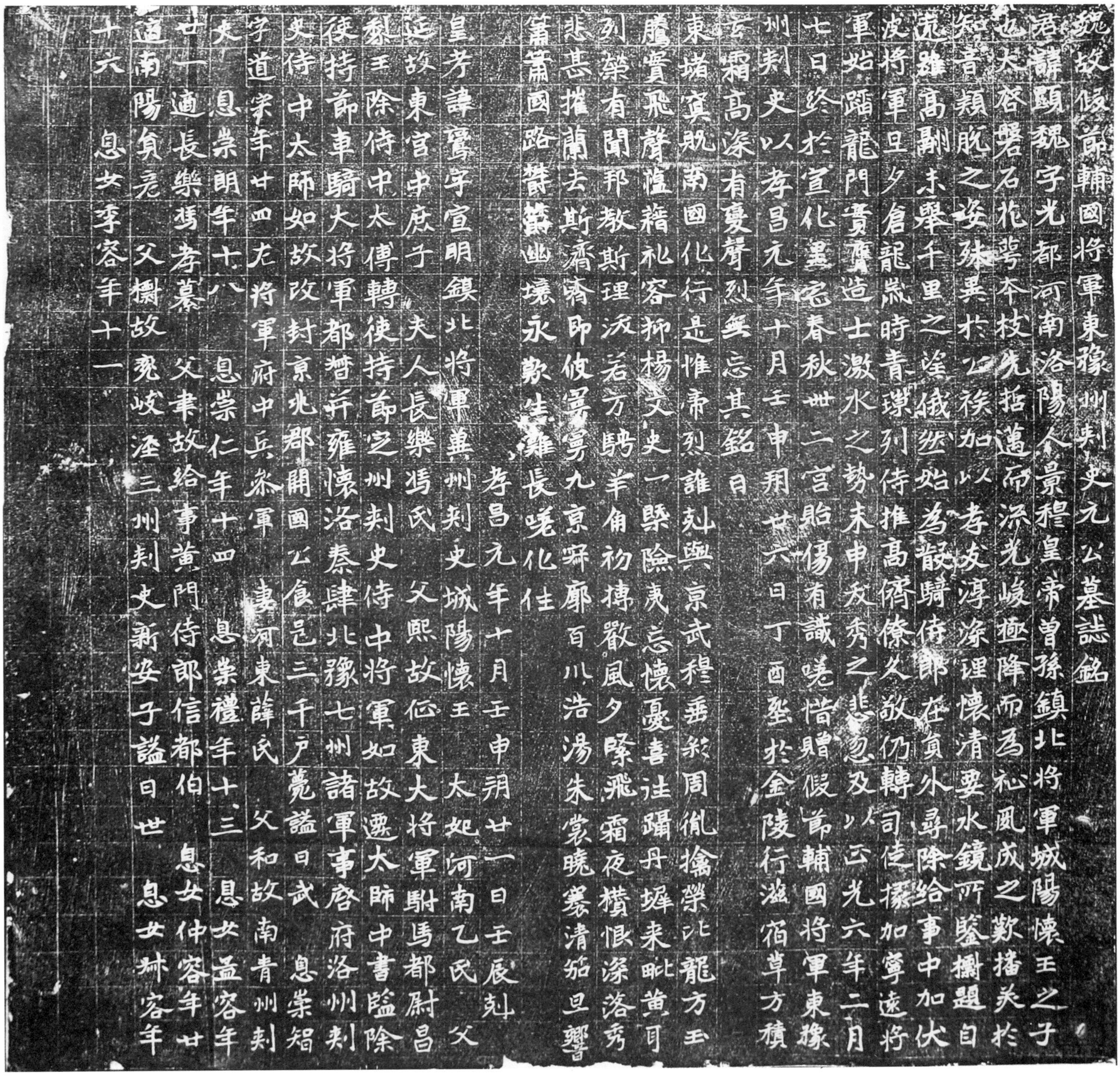
魏故假節輔國將軍東豫州刺史元公墓誌銘
君諱顯魏字光都河南洛陽人景穆皇帝曾孫鎮北將軍城陽懷王之子
也大啓磐石花萼本枝光括邁而流光峻極降而爲祕風成之歎播矣於
知音類脫之姿殊異於上族加以孝友淳深理懷清要水鏡所鑒樹題自
遠雖高翮未舉千里之塗俄然始爲散騎侍郎在員外尋除給事中加伏
波將軍旦夕倉龍巖時青璅列侍推高儕僚久敬仍轉司徒掾加寧遠將
軍始躡龍門貴齊造士激水之勢未申友秀之悲忽及以正光六年二月
七日終於宣化里宅春秋卌二宮貽傷有識嗟惜贈假節輔國將軍東豫
州刺史以孝昌元年十月壬申朔廿六日丁酉窆於金陵行滋宿草方積
玄霜高深有憂聲烈無忘其銘曰
東堵寔毗南國化行是惟帝烈誰剋與京武穆垂統周胤擒榮比龍方玉
膺實飛聲蘊藉祉容抑揚文史一槩險夷忘懷憂喜徒躡丹墀來毗黃耳
列榮有聞邦教斯理汲若方騁羊角初摶歡風夕驚飛霜夜橫恨深洛秀
悲甚摧蘭去斯齋齋即彼冥冥九京寂廓百川浩湯朱裳曉褰清笳旦響
蕭蕭國路欝欝幽壤永歎生難長嗟化往
孝昌元年十月壬申朔廿一日壬辰剋
皇考諱鸞字宣明鎮北將軍冀州刺史城陽懷王 太妃河南乙氏 父
延故東宮中庶子 夫人長樂馮氏 父熙故侍東大將軍駙馬都尉昌
黎王除侍中太傅轉使持節之州刺史侍中將軍如故遷太師中書監除
使持節車騎大將軍都督并雍懷洛秦肆北豫七州諸軍事啓府洛州刺
史侍中太師如故改封京兆郡開國公食邑三千戶薨謚曰武 息崇智
字道棠年廿四右將軍府中兵參軍 妻河東薛氏 父和故南青州刺
史 息崇朗年十八 息崇仁年十四 息崇禮年十三 息女孟容年
廿一適長樂馮孝纂 父聿故給事黃門侍郎信都伯 息女仲容年廿
適南陽負羌 父樹故魏岐涇三州刺史新安子謚曰世 息女琳容年
十六 息女季容年十一

PT/268　元顯魏墓誌　佚名撰

北魏孝昌元年（525）十月二十六日葬　河南省洛陽市出土

民國拓本　1張　58 cm×58 cm

正書

首題：魏故假節輔國將軍東豫州刺史元公墓誌銘

鈐印：澹闇

倉永齡題簽：戊午得於津沽

PT/269　吴高黎墓誌　佚名撰

北魏孝昌二年（526）正月十三日葬　河南省洛陽市出土

清末民國拓本　1張　64 cm×32 cm

正書

首題： 魏故士吴君之墓誌

鈐印： 澹盦所藏金石、章鈺假觀

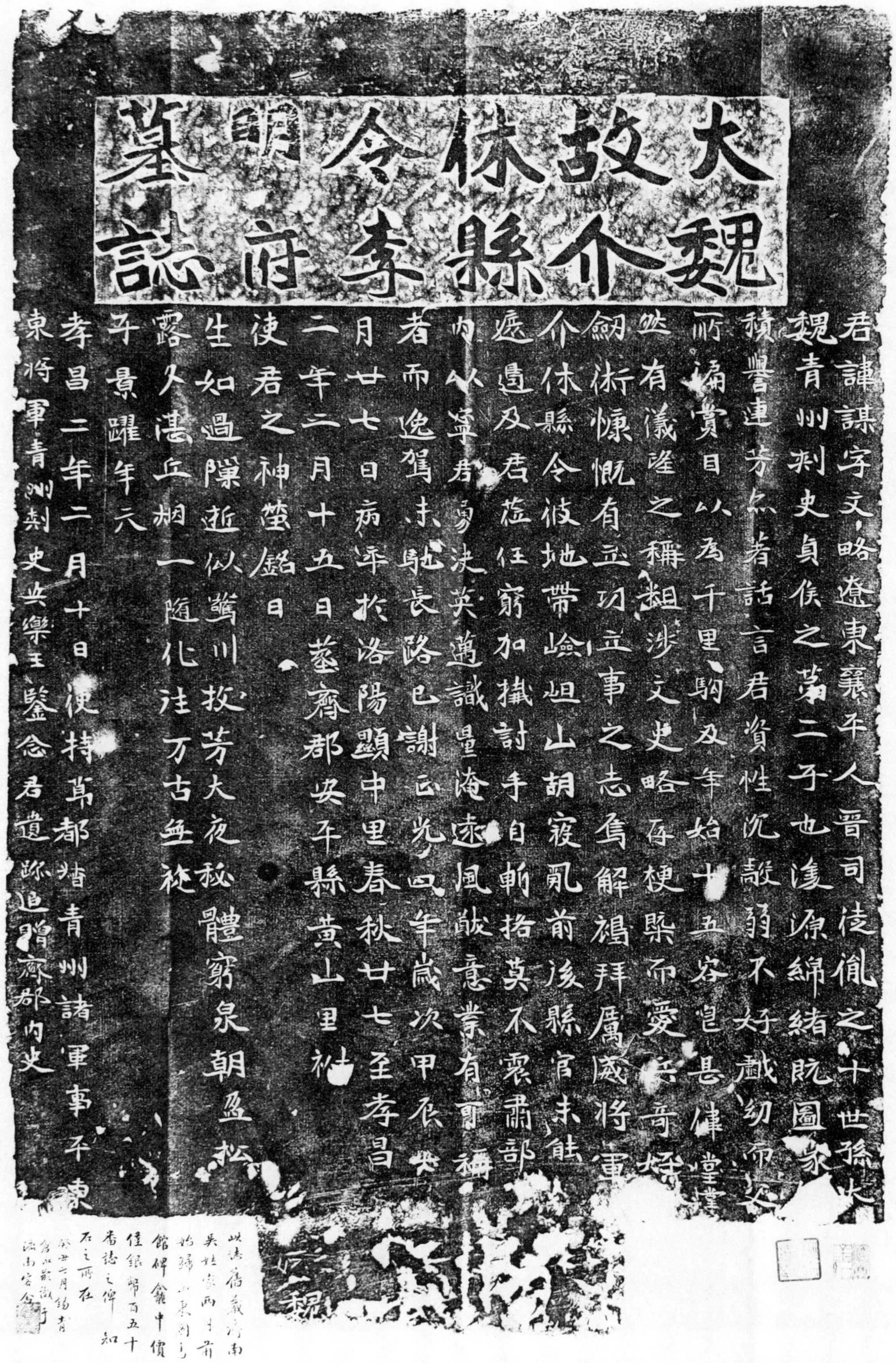

PT/270　李謀墓誌　佚名撰

北魏孝昌二年（526）二月十五日葬　山東省濰坊市安丘市出土

清末民國拓本　1張　77 cm×49 cm

正書

額題：大魏故介休縣令李明府墓誌

鈐印：澹龕金石、澹龕

誌尾倉永齡題跋：此誌舊藏濟南吴姓家，兩月前始歸山東圖書館碑龕中，價僅銀幣百五十番，誌之俾知石之所在；癸丑七月錫青倉永齡識於濟南客舍

PT/272 元壽安墓誌 佚名撰

北魏孝昌二年（526）十月十九日葬 河南省洛陽市出土

民國拓本 1張 85 cm×84 cm

正書

首題： 魏故使持節侍中司空公都督冀瀛滄三州諸軍事領冀州剌史元公墓誌銘

倉永齡題簽： 洛陽新出土；癸亥得於津門

PT/271　高廣墓誌　佚名撰

北魏孝昌二年（526）十月葬　河南省洛陽市出土

民國拓本　1張　39 cm×39 cm

正書

首題： 魏故員外郎散騎常侍西陽男高府君墓誌

鈐印： 錫卿

倉永齡題簽： 辛酉年得

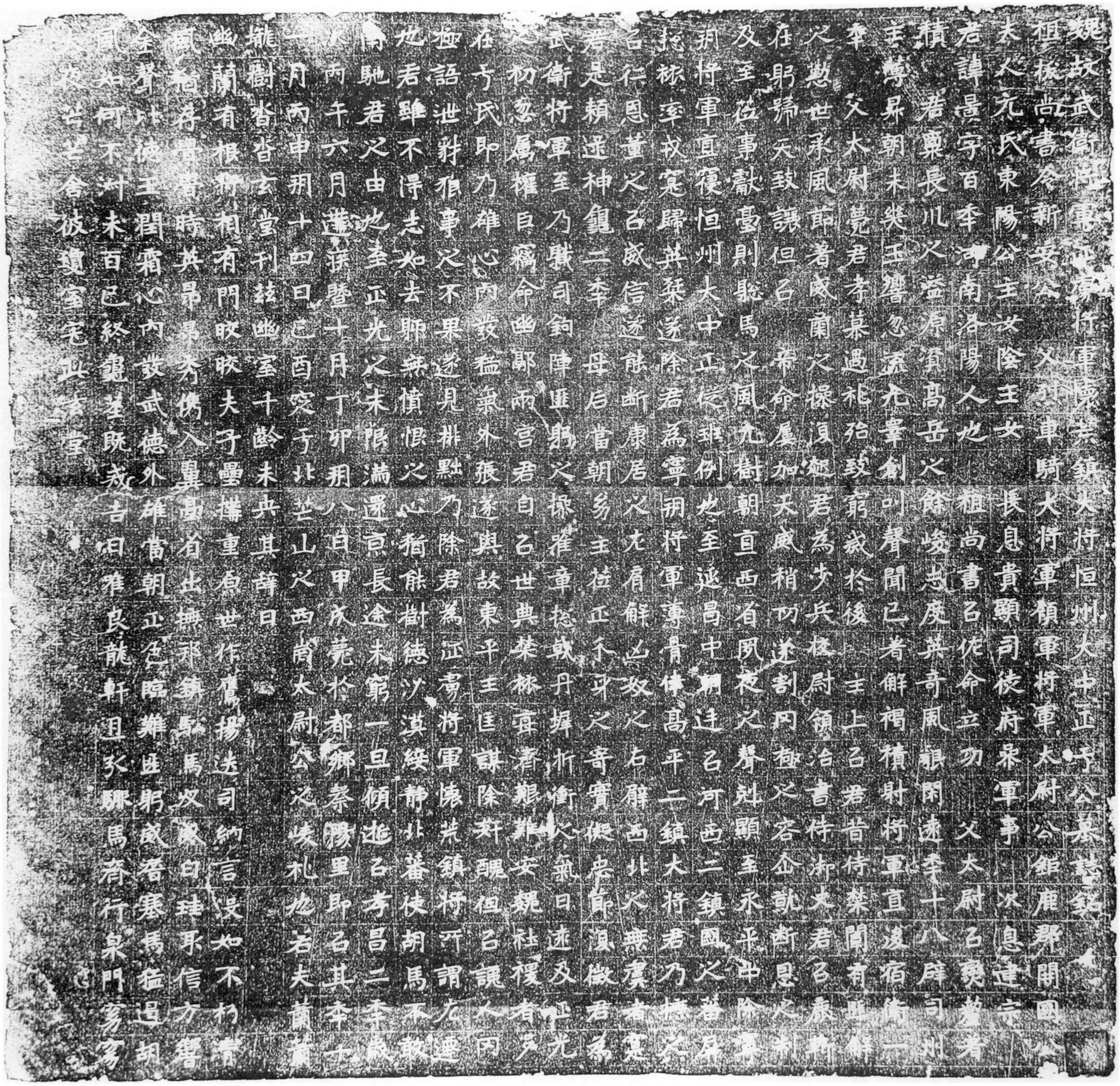

PT/274　于景墓誌　佚名撰

北魏孝昌二年（526）十一月十四日葬　河南省洛陽市出土

民國拓本　1張　62 cm×63 cm

正書

首題：魏故武衛將軍征虜將軍懷荒鎮大將恒州大中正于公墓誌銘

鈐印：倉氏金石文字

倉永齡題簽：庚申十月章式之贈

PT/273　寇治墓誌　佚名撰

北魏孝昌二年（526）十一月十七日葬　河南省洛陽市出土

民國拓本　1張　76 cm×76 cm

正篆兼書

首題：魏故使持節衛將軍荆河雍四州刺史七兵尚書寇使君之墓［誌銘］

鈐印：澹盦所藏金石

PT/275　寇偘墓誌并蓋　佚名撰

北魏孝昌二年（526）十二月二十六日葬　河南省洛陽市出土

民國拓本　2張　31 cm×32 cm，27 cm×28 cm（蓋）

正篆兼書

蓋題：魏故舞陰寇府君墓誌

鈐印：錫青

倉永齡題簽：辛酉冬所得

寢嵓字遵樂上谷昌平人也肇祚光
於有周文明綿邈而遐爍漢故大將
軍恂之遺英侍中榮十二世之偁曾
祖讃魏雍州刺史河南公祖臻幽郢
二州刺史順陽太守軌之第三子夙
苞五運之純精體巛元之善氣孝友
著於閨庭信義播於鄉國貞明瞰潔
之性自少而茂溫柔雅狠之風不嚴
而令河南帝鄉冠冕百辟以君懿望
遂辟郡中正品鏡唯允彝倫載叙暫
護舞陰太守威恵既興風移俗易春
秋卌一孝昌二年十二☽十二⊙殞
於家即廿六⊙窆銘曰 昂昂岳峻
愔愔囦澄有賢在德德与世興猗歟
斯子名行俱昇仁于不朽沒而逾徽

PT/276　于纂墓誌　佚名撰

北魏孝昌三年（527）五月十一日葬　河南省洛陽市出土

清末民國拓本　1張　54 cm×54 cm

正書

首題：魏故假節征虜將軍岐州刺史富平伯于君墓誌銘

鈐印：武進陶度、澹盦金石、章鈺假觀

倉永齡題簽：癸丑陶月如贈

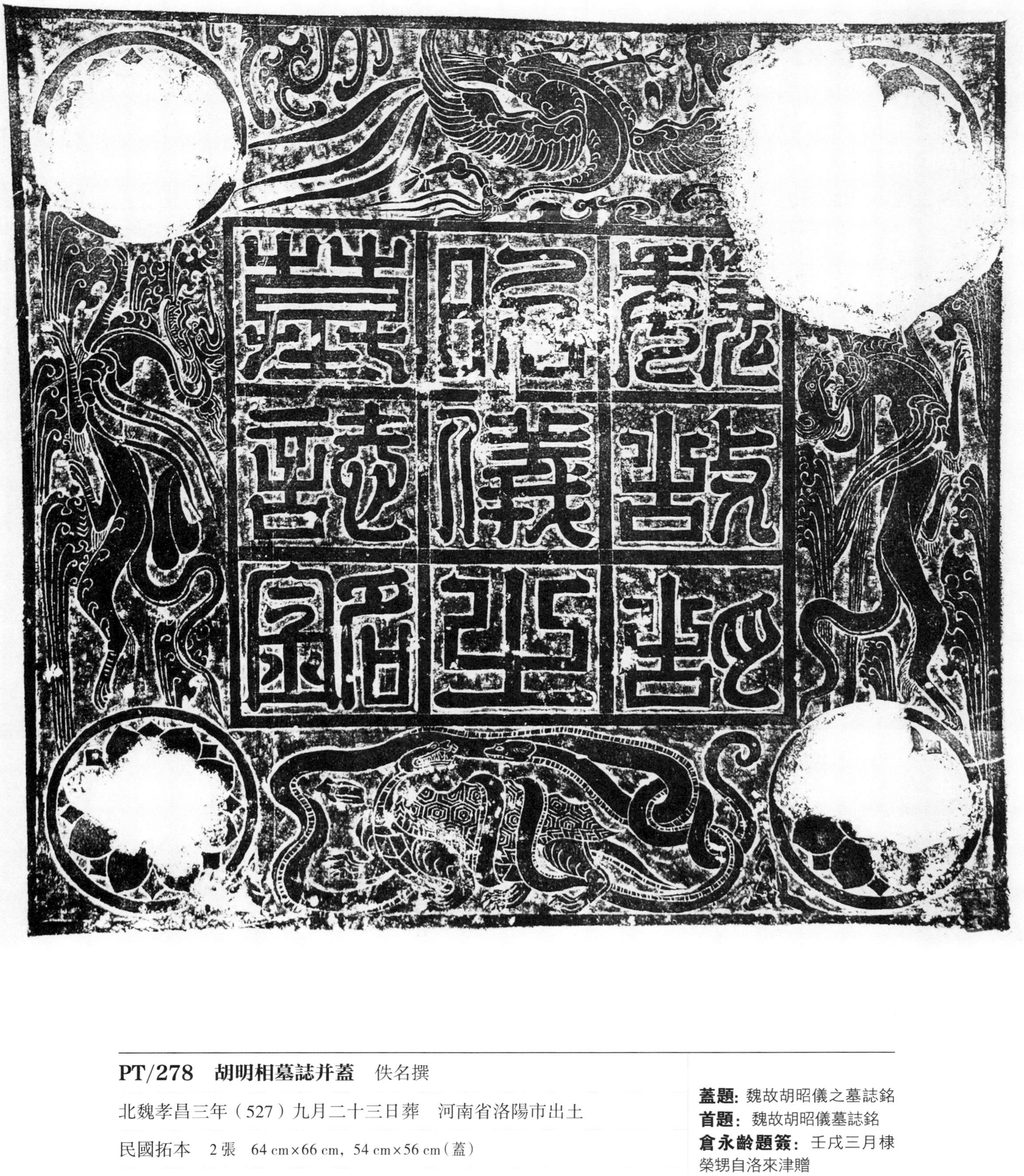

PT/278　胡明相墓誌并蓋　佚名撰

北魏孝昌三年（527）九月二十三日葬　河南省洛陽市出土

民國拓本　2張　64 cm×66 cm，54 cm×56 cm（蓋）

正書，蓋篆書

蓋題： 魏故胡昭儀之墓誌銘
首題： 魏故胡昭儀墓誌銘
倉永齡題簽： 壬戌三月棣榮甥自洛來津贈

魏故胡昭儀墓誌銘
昭儀諱明相安定臨涇人也虞帝以應曆奉軋胡公以
資靈祚土登天構曰之基宅運輔辰之業故以備諸史
冊不復詳載焉 聖朝散騎常侍征虜將軍使持節豫
州刺史誕之曾孫散騎常侍征西將軍金紫光祿大夫
使持節岐雍二州刺史高平侯洪之孫散騎常侍征虜
將軍都督并州諸軍事使持節并州刺史陰縣伯樂世
之女 宣武皇帝崇訓皇太后之從姪體川元之至性
資星月之玄畐神懷清邃淵謨崇遠風美巫山之陽節
高漢水之上四德聿脩六行光備戶牖之教既成有行
之義彼在遂以懋德充選掖庭拜左昭儀內毗陰教外
協宸華義禮四門聲高九宇方當緝是芳猷永隆鴻範
以保大虹之祥有頷倉龍之感豈圖八眉之門不樹兩
童之慶未融如何不弔春秋十有九以孝昌三年歲在
丁未四月癸巳朔十九日辛亥薨于建始殿越五月廿
三日遷窆於西陵乃命史臣作銘曰
玄黃始判清濁已甄桑林吐日濛谷倉烟神原杳杳洪
祚緜緜德應昌曆道照皇天車旗炳蔚龜組蟬聯於禮
昭儀資神懋族禮盛漢濱風清阿谷峻比城隅欄華灘
木絢素幽宮佇嬪黃屋毗影軒光靄此鳴旭吉凶有兆
倚伏無期奄辭黼帳方即泉扉寒暑交變日月迭微楊
烟曉合松飈夜慼西陰已臧東方未晞敬鐫幽石式述
音徽

PT/280　元固墓誌　佚名撰

北魏孝昌三年（527）十一月二日葬　河南省洛陽市出土

民國拓本　1張　59 cm×59 cm

正書

首題： 魏故使持節車騎大將軍儀同三司雍州刺史元公墓誌銘

鈐印： 滄龕金石、倉永齡印、倉氏金石文字

PT/281　元悌墓誌并蓋　佚名撰

北魏建義元年（528）六月十六日葬　河南省洛陽市出土

民國拓本　2張　60 cm×60 cm，52 cm×52 cm（蓋）

正書，蓋篆書

蓋題： 魏故侍中太尉公冀州刺史廣平王墓銘

首題： 魏故侍中使持節驃騎大將軍太尉公尚書令冀州刺史廣平文懿王銘

倉永齡題簽：

誌： 甲子二月得

蓋： 武進陶氏藏石

魏故侍中使持節驃騎大將軍太尉公尚書令冀州刺史廣平文懿王銘
祖高祖孝文皇帝　考諱懷字宣義侍中使持節都督中外諸軍事司
州牧太尉公黄鉞大將軍廣平武穆王
王諱悌字孝睦河南洛陽人也析綵麗天泳源帶地鴻光昭晰清瀾自遠
祖重華疊曜握天鏡以臨萬國考蹈德齊礼總三事以調四氣王資靈川
岳居貞若性博覽文史學冠書林妙善音藝尤好八體器寓淹凝風韻閑
遠麗藻雲浮高談響應信可以兩堯年之足九漢世之八龍望紫烟以騰
驥陵清風而騫翥故能殊異公族獨出羣輩者矣年十四襲王爵除散騎
常侍獻替惟幄忠讜屢陳慎等夜金密同溫樹千里難追万頃莫測尋加
平南將軍從班列也復增安南將軍怗河南尹務存簡易䟽而不漏百姓
歸仁畏之若雷於是途絕緒衣邑罕遊手髫髮行謠童乎巷歌功踰朞月
惠化若神雖子翼善政未足方其一跡細侯賢良豈能踰其九里是故殿
中號曰無雙大內稱為第一俄遷中軍將軍尒乎所歸御侮寄靜難一
方折衝万里轉大鴻臚卿九賓斯贊四門順緒撫柔遠人莫不緝穆換護
軍將軍翼宣戎政世稱武烈惟王蹈礼為基履仁成性道冠梁楚業茂閒
平自家刑國善始令終而運鍾陽九世屬橫流方當躡驃騎之遺蹤踵任
城之高軌掃烟霧於区都蕩妖氛於四海倍玉鑾之盛礼賛虛中之三唱
遐途未窮促運遽至黄金靡化餘香已遠春秋廿有三以武泰元年四月
十三日薨於河梁之西于時朝野追慕徽猷實深弥悴　皇上嗟悼有加
傷慟故以悲結朱烏痛酸黄鳥哀榮既備寵贈有章礼也粵以建義元年
六月丁亥朔十六日壬寅窆於西郊之兆託銘泉陰以傳不朽其詞曰
惟嶽降靈誕茲淵令處嶷号神在童稱聖文敏曹楊業隆陳鄭從橫無准
菴爵獨暎學鄙三冬問嘉知十優遊書圃敖翔子集刊彼己亥正茲省立
芳風遂遠清塵靡及孝既天至義亦生知率彼蹈礼瘍巨愈遲墓結衣鏡
哀慟風枝甘露爰降鸞鳥来儀乃剖京甸以振朝綱不唯去虎亦曰飛蝗
脂膏莫潤懸魚靡嘗儀形帝宇万民所望行為世範言成軌則方坐論道
膺此袞職豈謂大造運茲巨力奄然一化息非今息王衣夕列廚鹿朝駕
奄湘玄隴遷捐館舍去此短晨歸於永夜千齡未曉万事長謝

PT/283　元略墓誌　佚名撰

北魏建義元年（528）七月十八日葬　河南省洛陽市出土

民國拓本　1張　63 cm×66 cm

正書

首題：魏故侍中驃騎大將軍儀同三司尚書令徐州刺史太保東平王元君墓誌銘

鈐印：澹盦金石、永齡私印、倉氏金石文字

倉永齡題簽：洛陽新出土

PT/284　元廞墓誌　佚名撰

北魏建義元年（528）七月十八日葬　河南省洛陽市出土

民國拓本　1張　65 cm×64 cm

正書

首題：魏故使持節中軍將軍征東大將軍散騎常侍瀛州刺史元君墓誌銘

鈐印：澹盦金石、倉永齡印

倉永齡題簽：洛陽新出土；癸亥七月閻春台贈

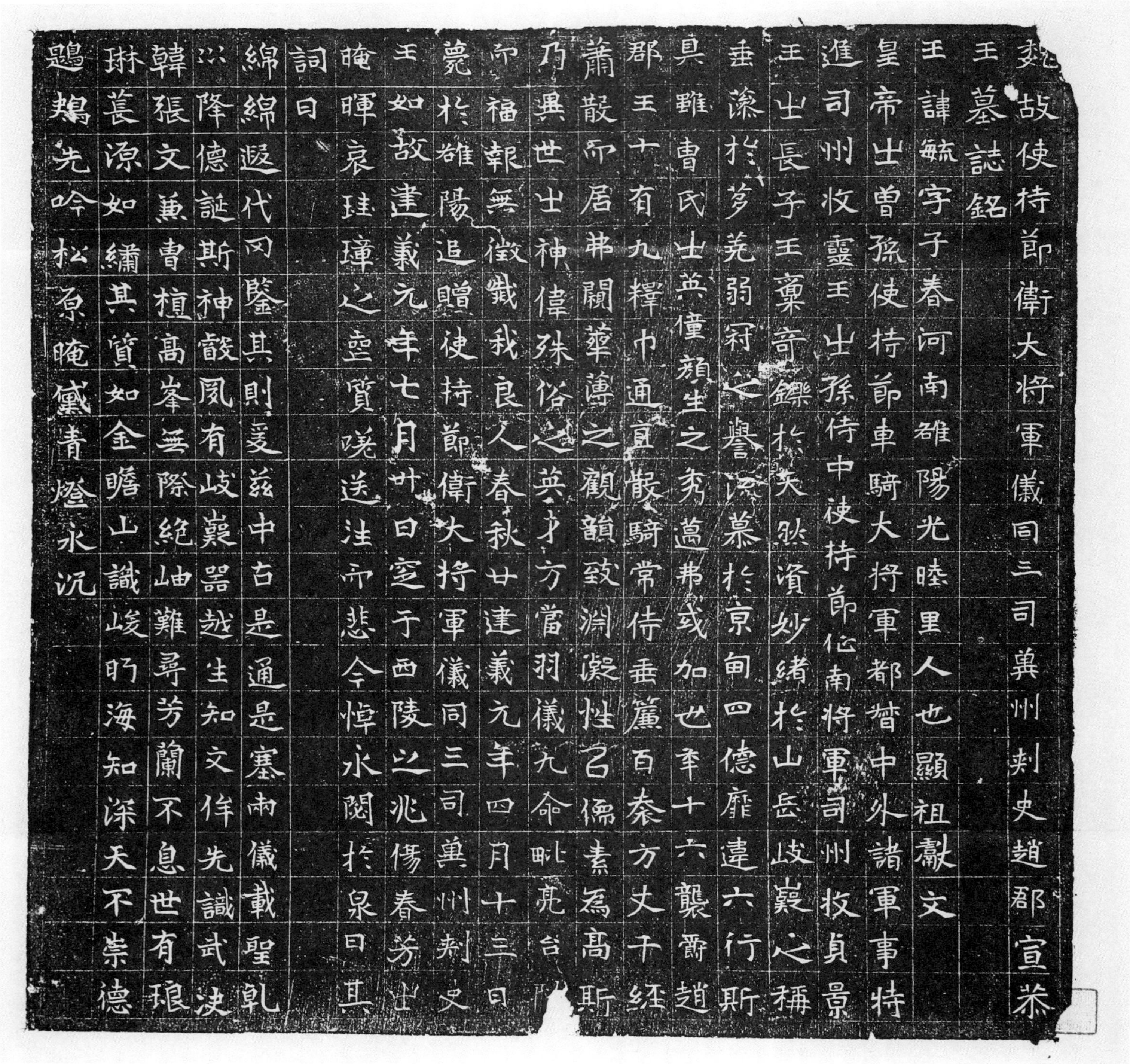

PT/285　元毓墓誌　佚名撰

北魏建義元年（528）七月三十日葬　河南省洛陽市出土

民國拓本　1張　54 cm×54 cm

正書

首題： 魏故使持節衛大將軍儀同三司冀州刺史趙郡宣恭王墓誌銘

鈐印： 澹盦收藏

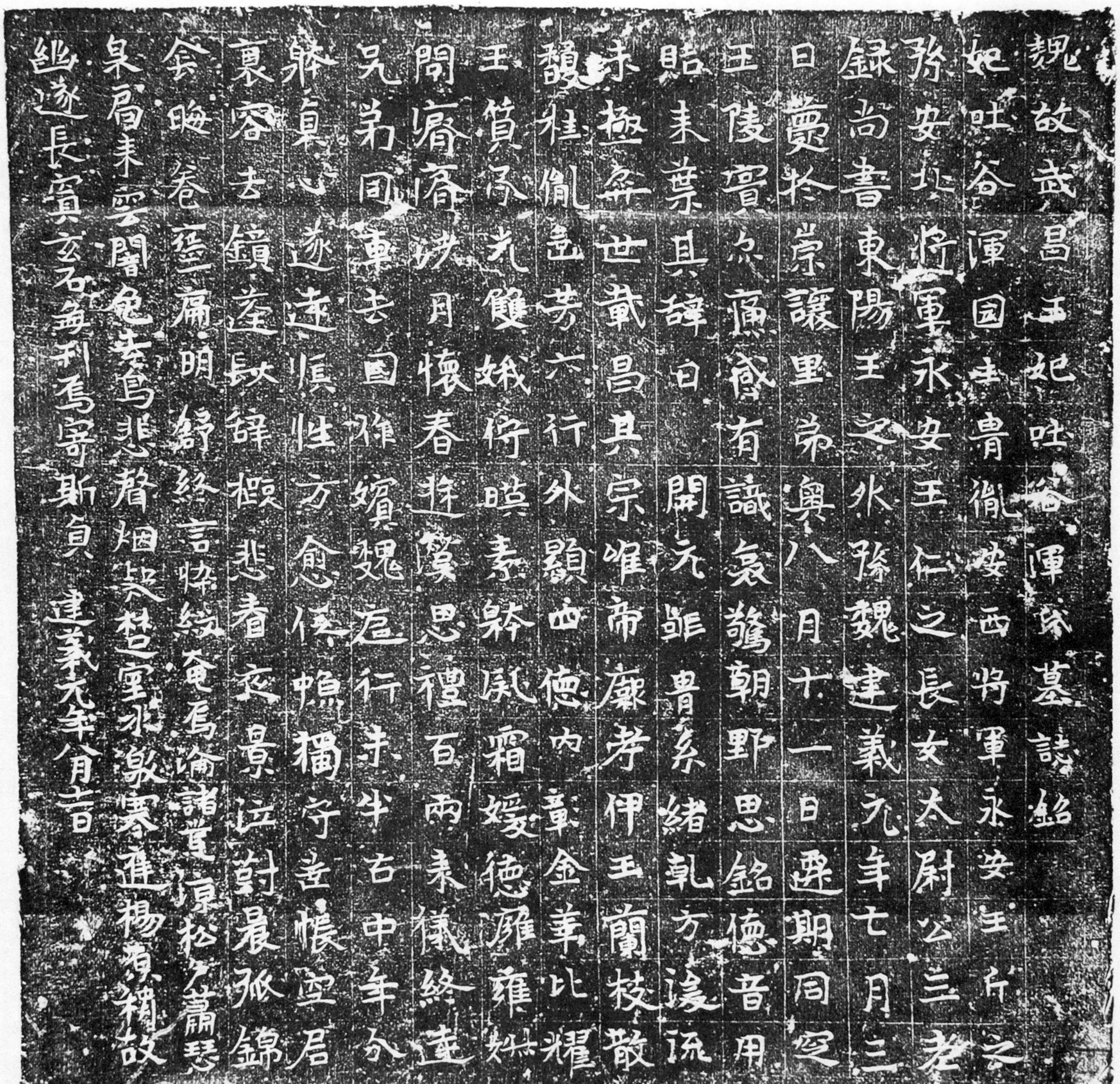

PT/286　元鑒妃吐谷渾氏墓誌　佚名撰

北魏建義元年（528）八月十一日葬　河南省洛陽市出土

民國拓本　1張　48 cm×47 cm

正書

首題：魏故武昌王妃吐谷渾氏墓誌銘

倉永齡題簽：洛陽新出；癸亥得於津沽

ST/101　元欽墓誌　佚名撰

北魏永安元年（528）十一月八日葬　河南省洛陽市出土

民國拓本　1張　83 cm×85 cm

正書

首題： 大魏故侍中特進驃騎大將軍尚書左僕射司州牧司空公鉅平縣開國侯元君之神銘

鈐印： 澹盦收藏、堅孟過眼

王諱誨字孝規河南洛陽人也高祖孝文皇帝之孫廣平武穆王之子
理識淹長氣韻通雅在紈綺之中灼然秀出少懷慨有大節常以功名
自許含詠雕篆涉獵油素同北宮之愛士齊東苑之好賢故已德高雅
俗聲暢遐迩年十二為散騎侍郎轉城門校尉後為通直常侍入奉青
瑣出陪黃屋簪金蒂組鳴珮垂紳閨闥佇其音彩衍冕慕其風裁九曜
任隆三禮務重官方所授罕屬其人而貴親右賢總在明德亦諧之舉
理自有歸乃除太常少卿兼武衛將軍既如命將出車罰罪南服千金
日費三捷無聞等翺翔延師旬遷延之[illegible]遂增榮左珥杖節催軍謀無
遺筭有功而反遷散騎常侍河南中正封范陽王既而沸騰在辰炎燎
不息乃眷西顧聽朝不怡或遏所寄朝無異屬乃假撫軍將軍平西將
軍為潼關都督偽蕭尚書為行臺宗伯任重事歸賢儀乃除宗正卿及
蜀虜孔熾關河未靜上將出車天淵獨運呂王兵權惟略動出人右遂
勅令赴軍豫謀戎政拾遺摧朽皆指麾之力綸紓望隆雖末是與雖日
多士特寮其選轉衛將軍中書監總沿載清王言允穆除侍中左光祿
大夫加車騎將軍內參樞廊外同輿輦朝政大小多所獻替尋除尚書
左僕射狂居彼相道濟斯民虔來賓及酌而不竭方謂天德唯輔神聽
無違無捄東家作鎮邦國而斯理一從長從化注春秋廿六永安三年
十二月三日薨追贈使持節驃騎大將軍司徒公冀州刺史侍中王如故
故謚曰文景王稟性和理率由開素尤好文典雅善事功而方雨友秀
聞見傷感普泰元年三月廿七日窆於西郊北邙懼山隤谷徙無聞芳烈乃
作銘壤隧俾傳不朽銘曰
帝軒誕聖皇魏受命御運視賓披圖握鏡啓國承家雕城樹屏鴻烈載
融本枝爵慶伊王嗣世實茂天爵孝德兼亮忠覩允鑠出典宗禮入事
帷幄近穆清暉遠宣威略執官青瑣肅列儀陣一董麾[illegible]奉[illegible]肩賜
熙端務愛心彝倫方諧衮職永濟時屯福淫莫驗福善徒設泰山已頹
良木斯折松路[illegible]泉門長閉斜漢晚傾晨光早滅載銘徽風式揚休

PT/102　元誨墓誌　佚名撰

北魏普泰元年（531）三月二十七日葬　河南省洛陽市出土

民國拓本　1張　71 cm×71 cm

正書

倉永齡題簽： 武進陶氏藏石；甲子二月得

PT/103 賈瑾墓誌 佚名撰

北魏普泰元年（531）十月十三日葬　山東省濱州市鄒平市長山鎮附近出土

清末民國姚湘雲拓本　1張　90 cm×58 cm

正書

額題： 賈散騎之墓誌
鈐印： 姚氏湘雲手拓、澹闇
倉永齡題簽： 姚女史精拓，石藏李肖石處；戊午得於津沽

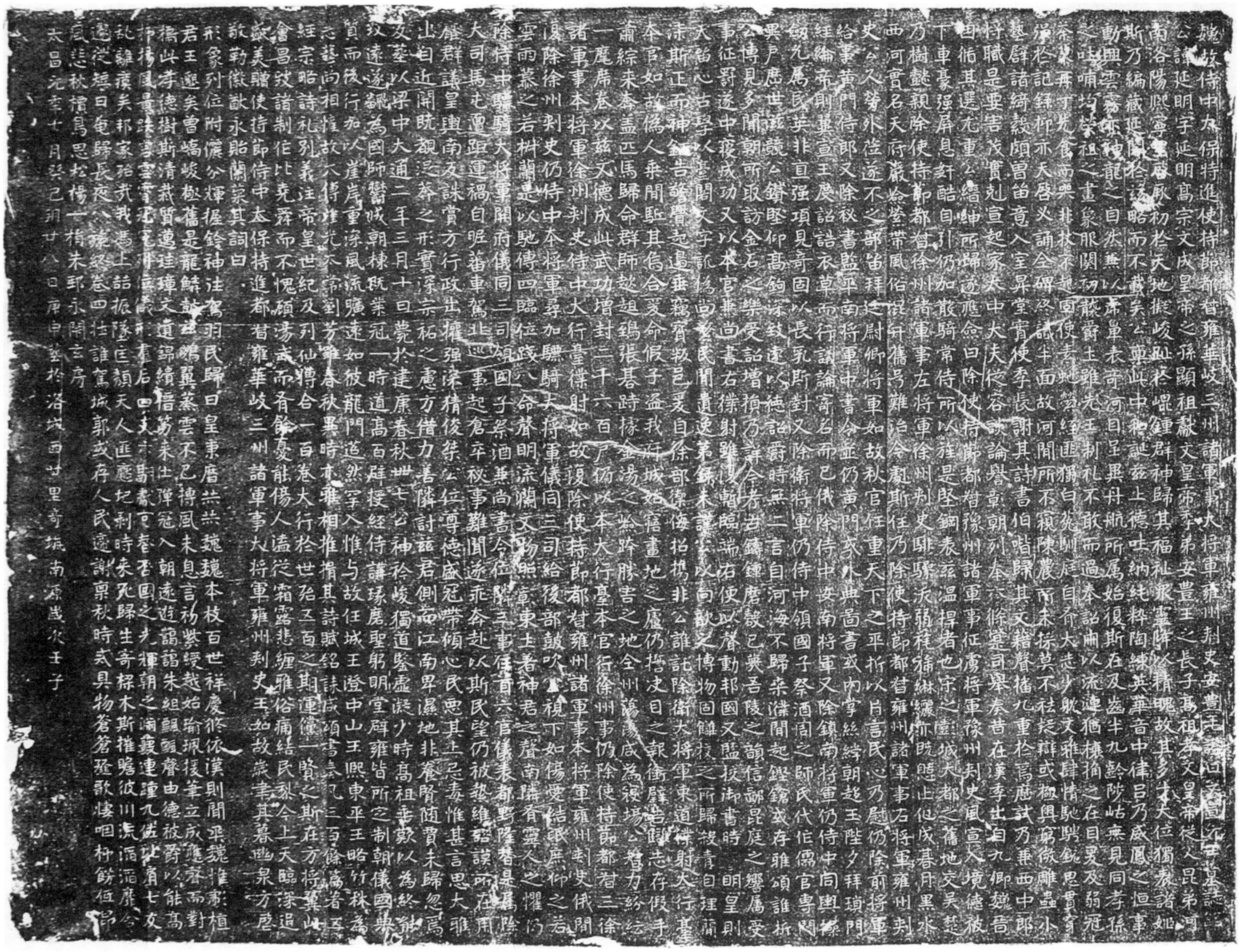

PT/105　元延明墓誌　佚名撰

北魏太昌元年（532）七月二十八日葬　河南省洛陽市出土

民國拓本　1張　85 cm×108 cm

正書

首題：魏故侍中太保特進使持節都督雍華岐三州諸軍事大將軍雍州刺史安豐王謚曰文宣元王墓誌銘

鈐印：澹盦金石

魏故通直散騎侍郎左將軍瀛
州刺史司州河南郡洛陽縣澄
風鄉顯德里領秦州隴西郡狄
道縣都鄉和風里李彰年廿二
字子煥
維大魏太昌元年歲次壬子九
月壬辰朔廿九日庚申殯於石
人亭大道北覆舟山之陽
祖沖司空文穆公
父延寔使持節侍中太師太尉
公

PT/104　李彰墓誌　佚名撰

北魏太昌元年（532）九月二十九日葬　河南省洛陽市出土

清末民國拓本　1張　47 cm×46 cm

正書

鈐印： 澹盦收藏

倉永齡題簽： 戊午年得

ST/107　司馬昇墓誌　佚名撰

東魏天平二年（535）十一月七日葬　河南省焦作市孟州市出土

清末民國拓本　1張　51 cm×51 cm

正書

首題：魏故南秦州刺史司馬使君之墓誌銘

鈐印：澹龕收藏

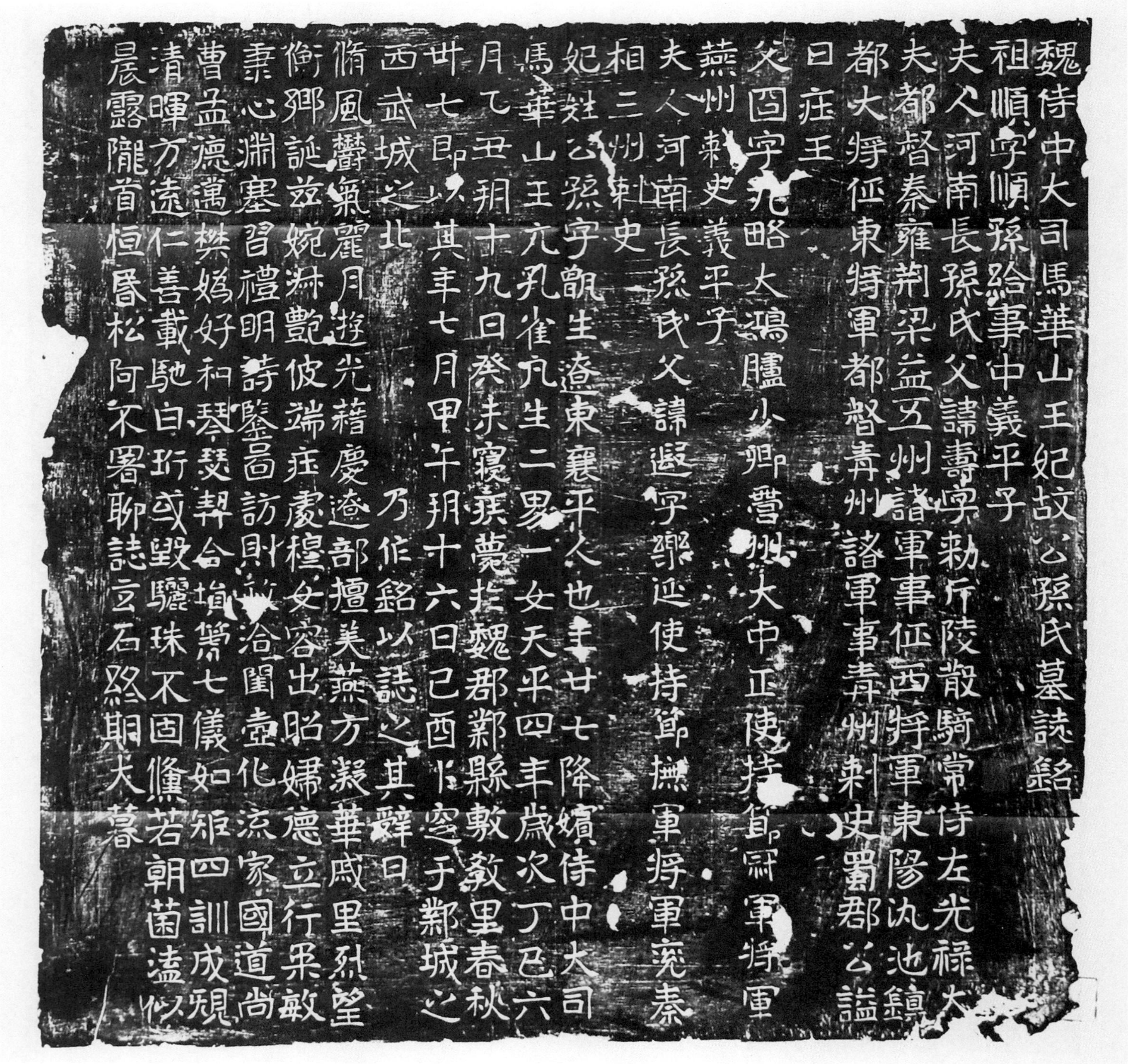

PT/108　元鷙妃公孫甑生墓誌　佚名撰

東魏天平四年（537）七月十六日葬　河北省邯鄲市磁縣出土

民國拓本　1張　55 cm×55 cm

隸書

首題：魏侍中大司馬華山王妃故公孫氏墓誌銘

鈐印：澹盦

PT/109　張滿墓誌　佚名撰

東魏天平四年（537）十一月十二日葬　河北省邯鄲市磁縣出土

民國拓本　1張　72 cm×72 cm

正書

首題： 魏故司空公兗州刺史張君墓誌銘

鈐印： 倉氏金石文字、倉永齡印

PT/110 李憲墓誌 佚名撰

東魏元象元年（538）十二月二十四日葬　河北省石家莊市趙縣出土

清末民國拓本　1張　89 cm×89 cm

正書

首題：魏故使持節侍中都督定冀相殷四州諸軍事驃騎大將軍定州刺史尚書令儀同三司文静李公墓誌銘

鈐印：澹盦金石

故假節督齊州諸軍事輔國將軍齊州刺史高公墓誌銘
諱湛字子澄勃海蓨人也靈根遠秀啓慶兆於渭川芳德蟬[illegible]宣大
於東海作範百王垂聲萬古者矣故清公勢重鄭伯指歸光鄉位尊
昔仲諱禮皆所以讓柘推賢遠明風軌祖冀州刺史勃海公文照武烈
望衢中夏惠治朝野愛結周行孝侍中尚書令司徒公英風秀逸傳氣
雲馳劍顧帝鄉威流宇縣君稟慶蟠於綿基挹餘瀾於海澳幼尚端凝
長好文雅非道弗親唯德是与道遙儒素之間慕中禮之遺風俳佪文
又之際追收馬之逸藻至於導春灑翰席月抽琴邁昔括以孫遊超時
流而獨遠熙平啓運起家為司空參軍事轉揚烈將軍羽林監天平之
始襄城阻命君文武兩兼忠義奮發還城斬將蠻左同歸朝廷嘉其
縉紳服其義假驃驤將軍行襄城郡事君著績既崇賞勞未允尋除使
持節都督南荊州諸軍事鎮軍將軍南荊州刺史於時偽賊陳慶率衆
攻圍孤城獨守載離寒暑終能剋保邊隍全恬民境復除大都督行唐
州事享年不永春秋卌三元象元年正月廿四日終於家 皇上動衆
能言灑淚遊有 詔曰故持節都督南荊州諸軍事假鎮軍將軍揚烈
將軍員外羽林監行南荊州諸軍事南荊州刺史當[illegible]大都督高子
識用閑敏氣幹英發擁旄藩翰誠効赴宣臨難殉軀奄從非命言命豈
績有惇于懷宜申追寵式光往烈可贈假節督齊州諸軍事輔國將軍
齊州刺史粵元象二年十月十七日遷葬於故鄉司徒公之塋千秋易
注葛古難留故鐫石泉門以彰永久其詞曰
丹剋降祉姜水載清大人應期命世挺生垂竿起譽羅釣流聲經綸宇
宙莫之与京佩司下蕃公衡上宰既顯營丘復擲東海四履流芳五城
降綵繁柯茂葉傳華無改伊宗作輔忠義是依清溢昏霧橫掃塵飛日
月再朗六合更暉玉帛斯集福祿攸歸仁壽無遠積善空施風酸夏草
霜結春池崐山墜玉桂樹摧枝悲哉永慕痛矣離長

PT/111　高湛墓誌　佚名撰

東魏元象二年（539）十月十七日葬　山東省德州市出土

清末民國拓本　1張　56 cm×54 cm

正書

首題： 魏故假節督齊州諸軍事輔國將軍齊州刺史高公墓誌銘

鈐印： 墨□、澹盦、章鈺假觀

ST/113　劉懿墓誌　佚名撰

東魏興和二年（540）正月二十四日葬　山西省忻州市忻府區出土

清拓本　1張　58 cm×56 cm

正書

複本：PT/112

首題：魏故使持節侍中驃騎大將軍太保太尉公録尚書事都督冀定瀛殷并凉汾晋建郏肆十一州諸軍事冀州刺史郏肆二州大中正第一酋長敷城縣開國公劉君墓誌銘

鈐印：澹盦金石、澹盦

倉永齡題簽：舊拓本；辛酉秋得於濟南

PT/114　元寶建墓誌　佚名撰

東魏興和三年（541）八月二十一日葬　河北省邯鄲市磁縣出土

民國拓本　1張　79 cm×79 cm

正書

鈐印：澹盦金石

PT/115　元鷙墓誌　（東魏）常景撰

東魏興和三年（541）十月二十二日葬　河北省邯鄲市磁縣出土

民國拓本　1張　78 cm×76 cm

正書

首題：魏故假黄鉞侍中尚書令司徒公都督定冀瀛滄四州諸軍事驃騎大將軍冀州刺史華山王墓誌銘

鈐印：澹盦

PT/116　元湛墓誌　佚名撰

東魏武定二年（544）八月八日葬　河北省邯鄲市磁縣出土

民國六年至七年（1917—1918）拓本　1張　71 cm×70 cm

正書

首題：魏故使持節假黃鉞侍中太傅大司馬尚書令定州刺史廣陽文獻王銘

鈐印：澹盦收藏

倉永齡題簽：戊午秋得於津沽

ST/117　元湛妃王令媛墓誌　佚名撰

東魏武定二年（544）八月八日葬　河北省邯鄲市磁縣出土

民國六年至七年（1917—1918）拓本　1張　40 cm×41 cm

正書

首題： 魏故假黄鉞太傅大司馬廣陽文獻王妃墓誌銘

鈐印： 澹盦收藏、倉氏金石文字

倉永齡題簽： 戊午年得

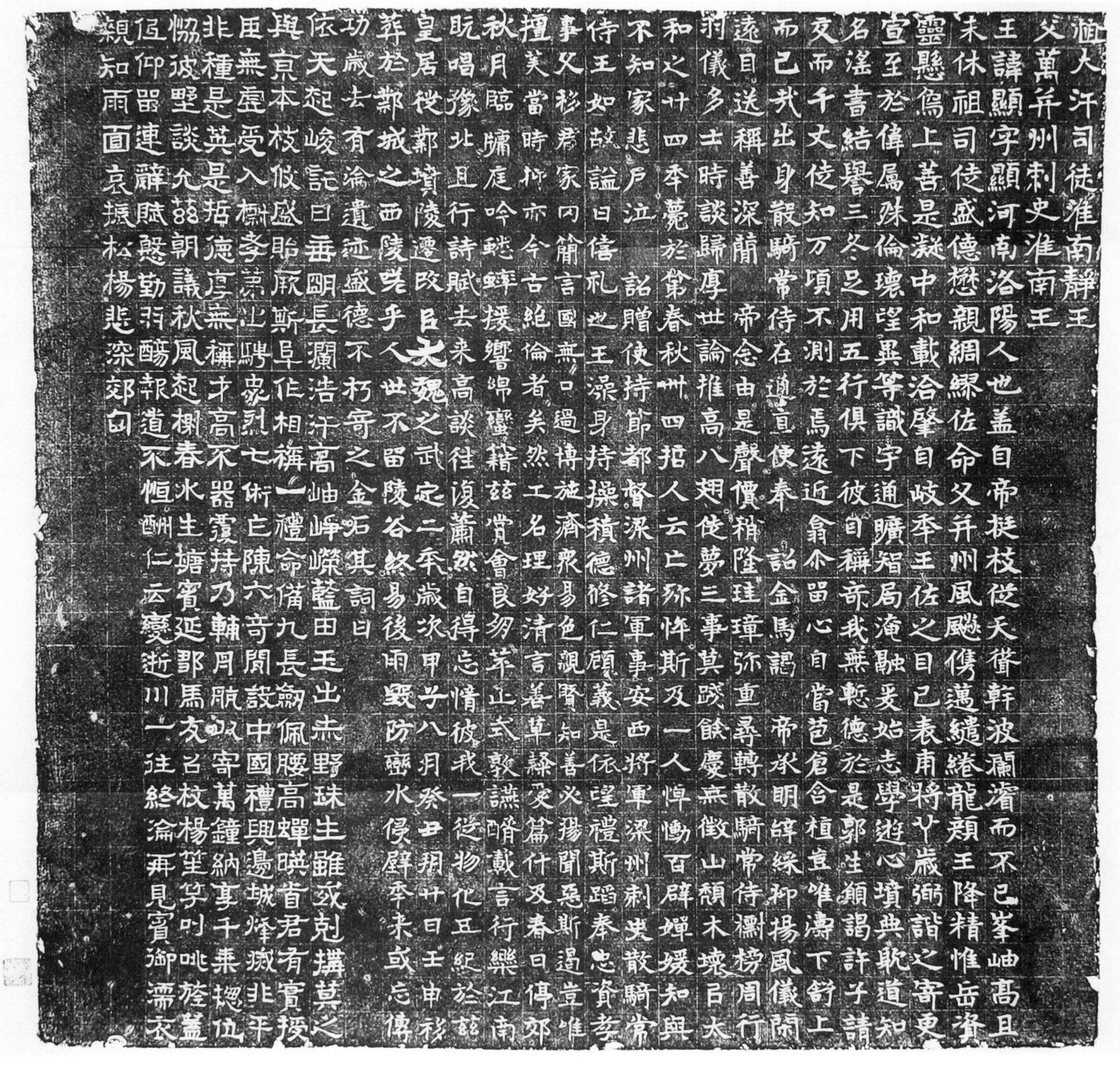

PT/118　元顯墓誌　佚名撰

東魏武定二年（544）八月二十日葬　河北省邯鄲市磁縣出土

清末民國拓本　1張　60 cm × 60 cm

正書，銘隸書

鈐印： 澹盦收藏、倉氏金石文字、堅孟過眼

倉永齡題簽： 戊午年得於津沽

PT/119 元均墓誌 佚名撰

東魏武定二年（544）八月二十日葬 河北省邯鄲市磁縣出土

清末民國拓本 1張 51 cm×52 cm

隸書

倉永齡題簽：在安陽

PT/120　侯海墓誌　佚名撰

東魏武定二年（544）十月十日葬　河北省邯鄲市磁縣出土

民國拓本　1張　55 cm×55 cm

正書

首題： 魏故伏波將軍諸冶令侯君墓誌銘

鈐印： 倉永齡印

PT/121　叔孫固墓誌　佚名撰

東魏武定二年（544）十一月二十九日葬　河北省邯鄲市磁縣出土

民國四年至七年（1915—1918）拓本　1張　65 cm×65 cm

隸書

首題： 魏故使持節都督三州諸軍事驃騎大將軍東梁州東徐州刺史當州大都督儀同三司兖州刺史臨濟縣開國侯叔孫公墓誌之銘

鈐印： 澹盦收藏

倉永齡題簽： 戊午秋得於津沽

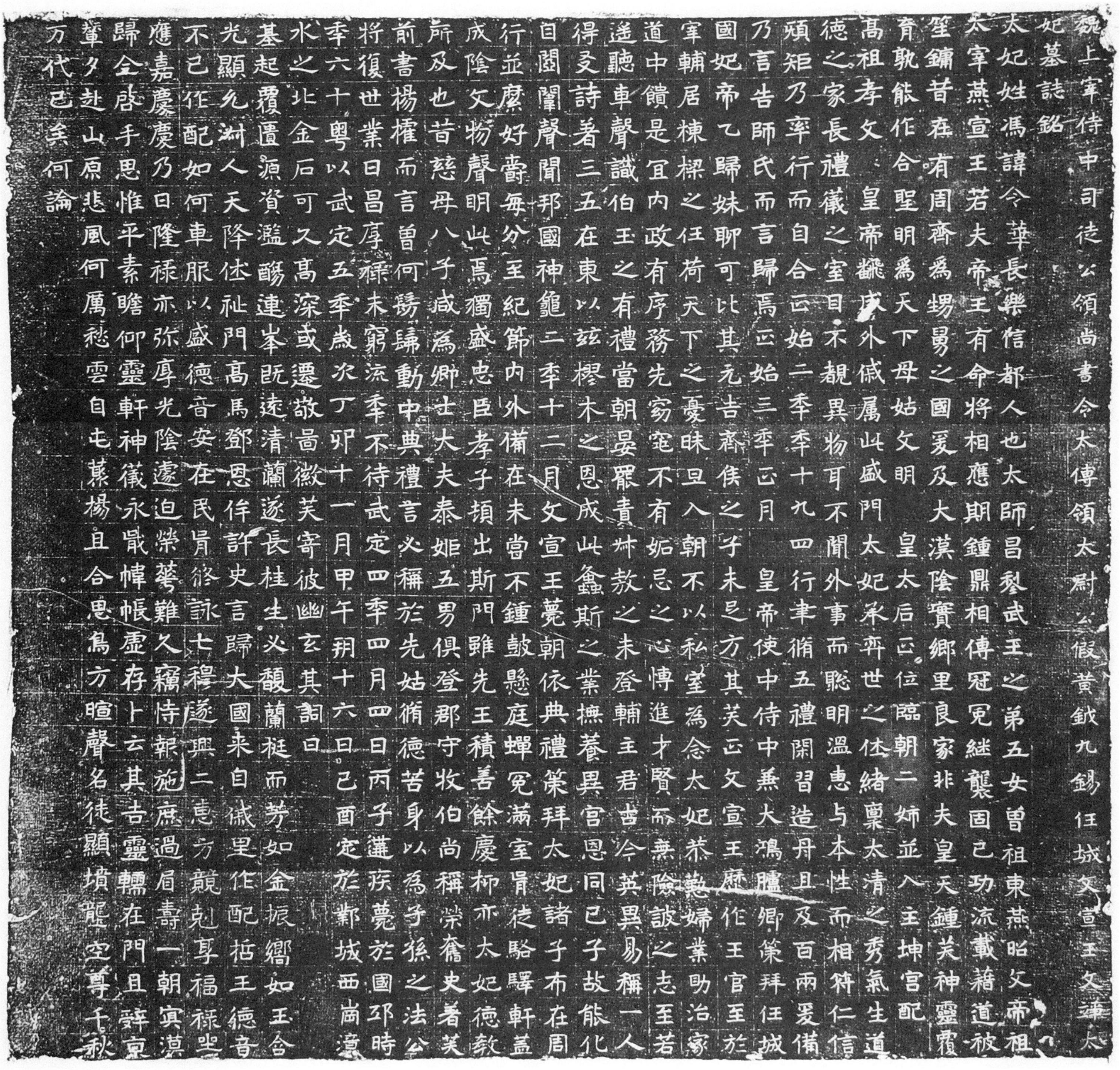

PT/122　元澄妃馮令華墓誌　佚名撰

東魏武定五年（547）十一月十六日葬　河北省邯鄲市磁縣出土

民國拓本　1張　73 cm×74 cm

正書

首題：魏上宰侍中司徒公領尚書令太傅領太尉公假黄鉞九錫任城文宣王文竫太妃墓誌銘

倉永齡題簽：在安陽

PT/123　元凝妃陸順華墓誌　佚名撰

東魏武定五年（547）十一月十六日葬　河北省邯鄲市磁縣出土

清末民國拓本　1張　59 cm×58 cm

正書

首題： 大魏故驃騎大將軍散騎常侍濟兗二州刺史二州諸軍事東安王太妃墓誌銘

PT/124　元延明妃馮氏墓誌　佚名撰

東魏武定六年（548）十月二十二日葬　河北省邯鄲市磁縣出土

民國程連瑞拓本　1張　68 cm×69 cm

隸書

首題： 魏故使持節侍中太保特進都督雝華岐三州諸軍事大將軍雝州刺史安豐王妃馮氏墓銘

鈐印： 陳連瑞監拓

倉永齡題簽： 磁州新出土

PT/125 蕭正表墓誌 佚名撰

東魏武定八年（550）二月二十九日葬　河北省邯鄲市磁縣出土

民國拓本　1張　70 cm×70 cm

正書

首題：魏故侍中使持節都督徐陽兗豫濟五州諸軍事驃騎大將軍徐州刺史司空公蘭陵郡開國公吴郡王銘

鈐印：倉永齡印、倉氏金石文字

倉永齡題簽：磁州出土，今歸奉天，此乃新出土拓本

PT/126　穆子巖墓誌　佚名撰

東魏武定八年（550）五月十三日葬　河南省安陽市出土

民國拓本　1張　70 cm×69 cm

正書

首題： 魏故太原太守穆公墓誌

倉永齡題簽： 在安陽

PT/128　司馬遵業墓誌　佚名撰

北齊天保四年（553）二月二十七日葬　河北省邯鄲市磁縣出土

清末民國拓本　1張　79 cm×79 cm

隸書

首題： 齊故使持節都督冀定瀛滄懷五州諸軍事太師太尉公懷州刺史陽平郡開國公司馬□□□墓誌銘

鈐印： 倉氏金石文字

PT/129 竇泰墓誌 佚名撰

北齊天保六年（555）二月九日葬　河北省邯鄲市磁縣出土

清末民國拓本　1張　97 cm×96 cm

隸書

首題：故使持節侍中太師大司馬[太尉]公録尚書事顯蔚相冀定并恒瀛八州刺史廣阿縣開國公武貞竇公墓誌銘

鈐印：澹盦金石

PT/130 竇泰妻婁黑女墓誌 佚名撰

北齊天保六年（555）二月九日葬　河北省邯鄲市磁縣出土

清末民國拓本　1張　83 cm×83 cm

隸書

首題： 故使持節侍中太師大司馬太尉公録尚書事武貞竇公夫人皇姨頓丘郡長君婁氏墓誌銘

鈐印： 澹盦金石

PT/131　皇甫琳墓誌并蓋　佚名撰

北齊天保九年（558）十一月二十日葬　河北省邯鄲市磁縣出土

清末民國拓本　2張　42 cm×42 cm，36 cm×36 cm（蓋）

正書，蓋篆書

蓋題：齊順陽太守皇甫公銘
首題：齊故直閤將軍員外散騎侍郎鎮東將軍金紫光禄大夫順陽太守廣州大中正皇甫公墓誌銘
鈐印：倉氏金石文字

□故宣閣□軍貢□□騎侍郎鎮東將軍金紫光祿大夫
順陽太守廣州大中正皇甫公墓誌銘
君諱□□□起安之朝那人也秦州□君之嫡孫□州□
天之□□大尉貞度之堂良貓州寬之光□其光少吳□
□高帝學之□□□□□族二□□□□□光□今□□
□術權宋絡□儒□□□□□覽重商西君措理□□□
徃□盡連時□州刺史大將軍大司□進與□禹□連□
□與平勤如齊牽□奇才越二跡用當觀國香秀□庭□
玉地太家秦州刺史文共度司徒府□軍事魯□邑中□
沉東太守□銘贈□州刺史公以先蔭後省天桂羽重未
八以發陵宵之氣孝友□孫祭閣尊辟屈魏道不安呈□
騰沸上白欲救非令不當遂徹為都督極靜三錫訪陽書
旅効彰王府方加旁封忽遇焚限後除正任秉智權衡耆
伯咸舉朝壁同詠年向懸東尊業二寶內開□三□□□
坼徂為山老□□□奄及薦壹□□有六以安係□□□
月廿三日卒於京戶其季十一月庚寅朔廿日色□□□
鄭城西北廿餘里思仁之風無極記金石如□□□日□
涵涵江漢湛湛彼長興由五帝茂歷三王未□華載弈代
娃墇周秦漢魏豈絕貂璫初安散騎又靜□陽一居衡□
毋事兼咸仕遷八帝軌則四方何期謀策□及世良徒□
□□忽背三光萬機□泣百辟咸傷奄辟東音□宗西□
□□□宣永記泉郎

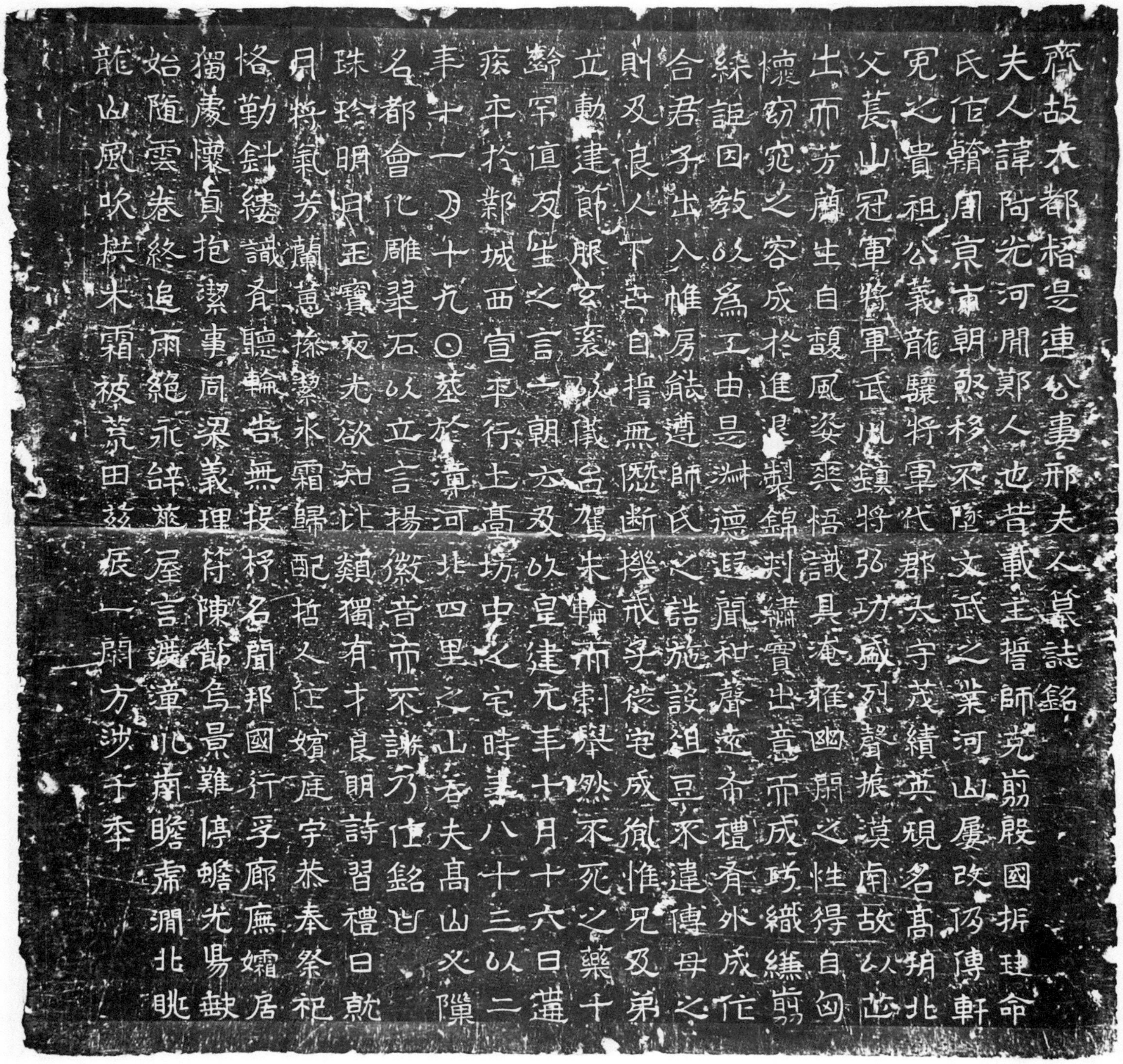

ST/133　是連公妻邢阿光墓誌　佚名撰

北齊皇建二年（太寧元年）（561）十一月十九日葬　河北省邯鄲市磁縣出土

民國初年拓本　1張　67 cm×67 cm

隸書

首題：齊故大都督是連公妻邢夫人墓誌銘

鈐印：倉永齡印

倉永齡題簽：磁州出土，今爲奉天市去，此本爲初出土所拓

ST/134　石信墓誌　佚名撰

北齊太寧元年（561）十一月十九日葬　河北省邯鄲市磁縣出土

民國初年拓本　1張　66 cm×66 cm

隸書

首題： 齊故使持節都督豳夏寧秦濟鄭恒靈趙九州諸軍事驃騎大將軍開府儀同三司右衛將軍中書監趙州刺史南鄉縣開國子陳留郡開國公石公墓誌銘

鈐印： 澹盦金石

ST/135　梁伽耶墓誌　佚名撰

北齊河清四年（565）二月七日葬　河北省邯鄲市磁縣出土

民國初年拓本　1張　56 cm×56 cm

隸書

首題：［齊］故太尉府墨曹參軍梁君墓誌銘

鈐印：倉氏金石文字、倉永齡印

倉永齡題簽：磁州出土，今歸奉天，此乃新出土拓本

PT/136 張起墓誌 （北齊）張景邕造

北齊天統元年（565）十一月六日葬　河北省保定市定州市出土

清末民國拓本　1張　53 cm×34 cm

正書

首題： 大齊天統元年歲次乙酉十一月己卯朔六日甲申張府君墓誌銘

鈐印： 倉永齡印、澹盦金石

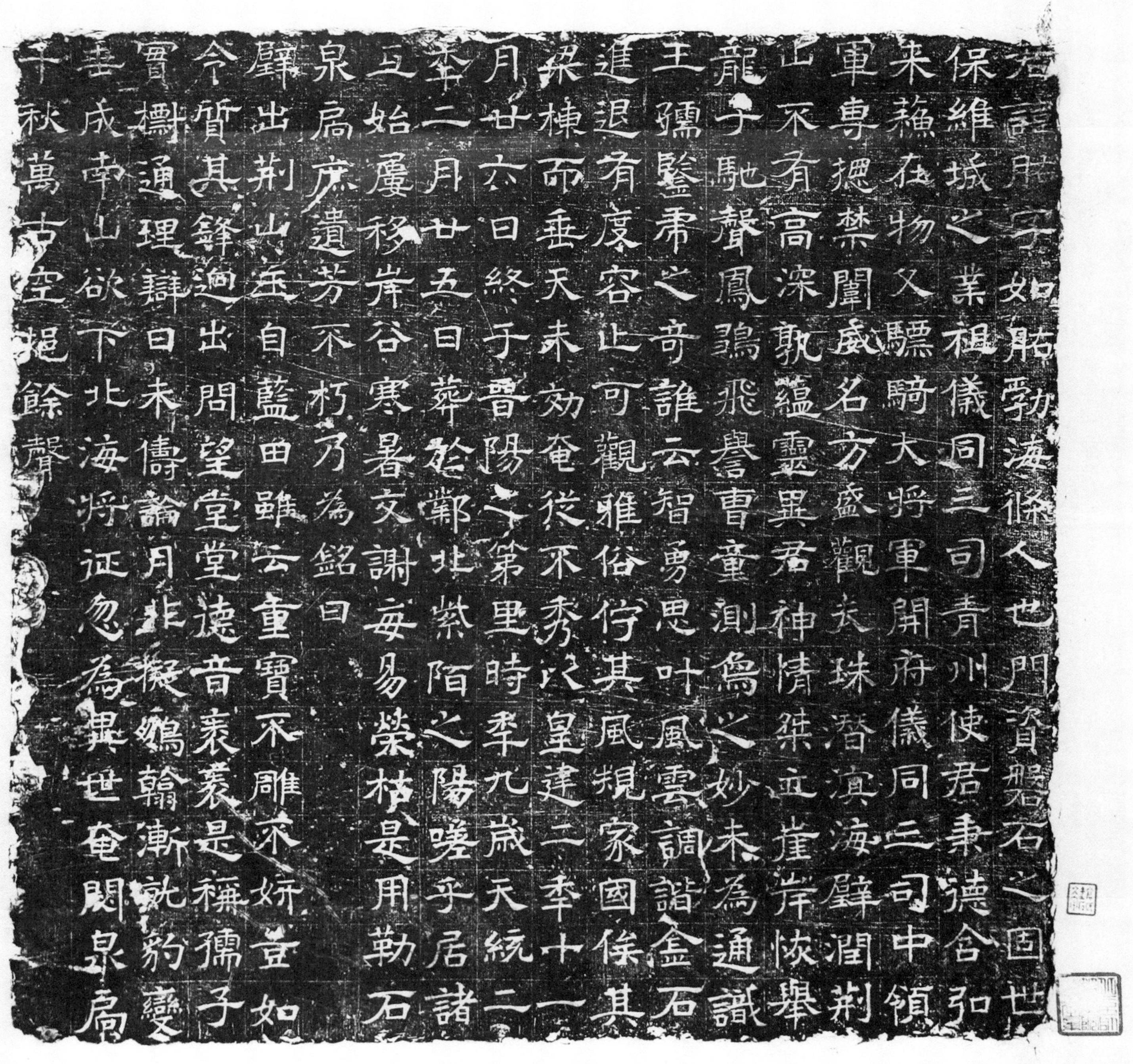

ST/137　高肱墓誌（公孫肱墓誌）　佚名撰

北齊天統二年（566）二月二十五日葬　河北省邯鄲市磁縣出土

清末民國拓本　1張　41 cm×41 cm

正書兼隸書

鈐印：倉氏金石文字、澹盦收藏

ST/138 朱岱林墓誌 （北齊）朱敬修撰序 （北齊）朱敬範撰銘

北齊武平二年（571）二月六日葬 山東省濰坊市壽光市出土

清嘉道間拓本 1張 80 cm×113 cm

正書

鈐印： 倉氏金石文字

倉永齡題簽： 己未冬得於濟南；“扶封”未泐本

齊故鎮
將乞伏
君墓誌
北齊書體瘦整者居多此志獨骨肉停勻與隋龍藏寺碑
唐裴鏡民碑為近舊為洩陽托活洛氏藏今歸天津金氏
澹盦道兄舊有蛻本再奉此帋以為副墨戊午八月弟鈺漫記

ST/049　乞伏保達墓誌并蓋　佚名撰

北齊武平二年（571）二月十八日葬　河北省邯鄲市磁縣出土

清末民國拓本　2張　46 cm×46 cm, 39 cm×39 cm（蓋）

正書

複本：PT/139

蓋題： 齊故鎮將乞伏君墓誌

首題： 齊故驃騎大將軍潁川太守齊昌鎮將乞伏君墓誌

鈐印： 屏廬、茗理題記

章鈺題記： 北齊書體瘦整者居多，此誌獨骨肉停勻，與隋《龍藏寺碑》、唐《裴鏡民碑》爲近。舊爲洩陽托活洛氏藏，今歸天津金氏，澹盦道兄舊有蛻本，再奉此帋，以爲副墨。戊午八月弟鈺漫記

ST/140　徐之才墓誌　佚名撰

北齊武平三年（572）十一月二十二日葬　河北省邯鄲市磁縣出土

民國元年至八年（1912—1919）拓本　1張　76 cm×76 cm

正書

首題：齊故太子太師侍中特進驃騎大將軍開府儀同三司使持節都督兖濟徐三州諸軍事兖州刺史録尚書事司徒公池陽縣開國伯安定縣開國子西陽王徐君誌銘

鈐印：倉永齡印、倉氏金石文字

倉永齡題簽：直隸磁州出土，今歸奉天，此本爲初出土所拓。己未秋滄龕識

PT/141　鄭子尚墓誌并蓋　佚名撰

北齊武平五年（574）十二月二十三日葬　河南省安陽市出土

清末民初拓本　2張　52 cm×52 cm，43 cm×43 cm（蓋）

正書

蓋題： 鄭長史銘

首題： 齊故驃騎大將軍陽州長史鄭君墓誌銘

鈐印： 滄盦收藏

倉永齡題簽： 戊午年得

PT/127 寇胤哲墓誌并蓋 佚名撰

北周宣政二年（579）正月四日葬 河南省洛陽市出土

民國十一年至十三年（1922—1924）拓本 2張 34 cm×35 cm，31 cm×31 cm（蓋）

正書

蓋題：魏故中正寇君墓誌銘

首題：魏故汝北郡中正寇君墓誌

倉永齡題簽：甲子二月得；武進陶氏藏石

魏故汝北郡中正寇君墓誌
君諱偘拓上谷昌平人也雍州刺史河
南宣穆公之玄孫郢州使君昌平威公
之曾孫順陽府君軌之孫光州刺史遵
貴第一子繼第五叔父遵略之後君
資蔭豪華蟬聯冠冕氏繫之由故可略
言君爰而敏惠徽音昭朗智越成人鄉
遂欽尚年十有四郡辟中正才同雁割
品物斯衆秀而不實亦已奄及季年有
九不祿於家家禍之痛嗚呼哀哉天長
地久陵谷遷移若松門之有改知人世
之在斯
周宣政二年歲次己亥正月四日窆
中正無子第四弟懋以第三息文[illegible]
繼後

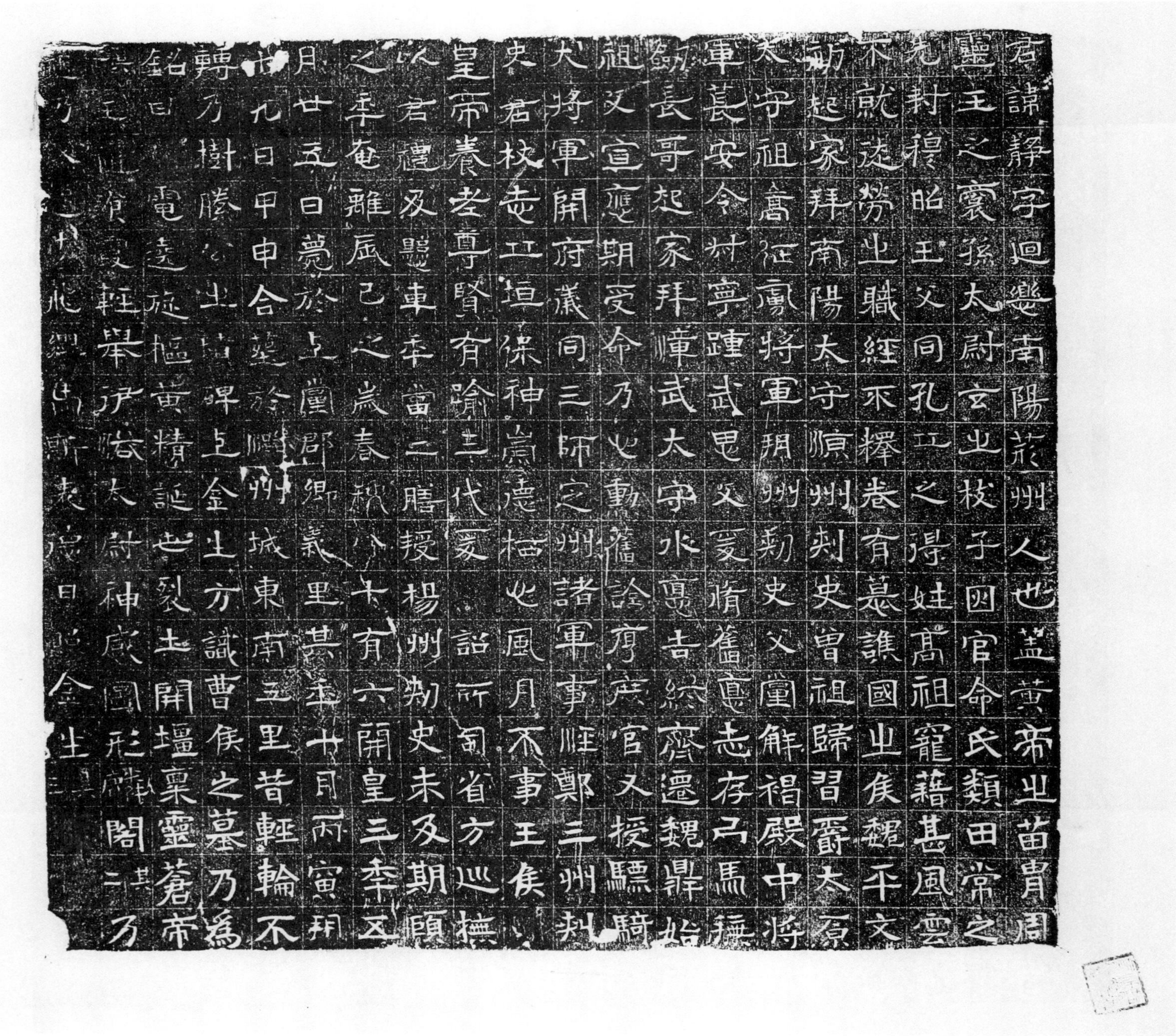

PT/543　□静墓誌　佚名撰

隋開皇三年（583）十月十九日葬　山西省長治市襄垣縣出土

清末民國拓本　1張　43 cm×46 cm

隸書間篆書

鈐印：澹盦

倉永齡題簽：辛酉十二月得

PT/539　寇遵考墓誌并蓋　佚名撰

隋開皇三年（583）十月十九日葬　河南省洛陽市孟津區攔駕溝村出土

民國拓本　2張　57 cm×57 cm，45 cm×43 cm（蓋）

正書

蓋題： 隋故濩澤公寇府君銘

首題：［隋翊］師大將軍儀同三司大內史大納言扶風郡太守濩澤公之墓誌銘

鈐印： 倉氏金石文字

□師大將軍儀同三司大內史大紀言洪風郡太守濩澤公之墓誌銘
公諱字遵考上谷昌平人也洪源華冑若河流之逸逸崇基令緒等爪瓞之綿綿興
宗周盛於炎漢暉聯祖武可得而詳焉夫以泰山五色殊崖九品淮海三金番禺八桂
莫不耀光采於忽巌擢英華於豪末蓋地氣使然其來尚矣高祖脩之苻秦東萊太守
入魏贈秦州刺史謚恭雍二州立碑謚日泉公曾祖讃安南將軍雍州刺史領南蠻
校尉河南公謚日宣穆公祖璡龍驤將軍監安遠府諸軍事幽郢二州刺史謚日威
父雋仕魏為中郎梁洛二州諸軍事與則史改封潁川郡開國公入周為開府秘書監西安
開國子贈與定瀛三州刺史謚日元公公稟淳和之秀氣誕布世之英
多而聰敏弱不好弄風神俊朗在乎珮韘之年容止溫恭發於儀象之歲孝敬天然
□國商子寬仁率性無俟田蘇揚名給玄雖聞前史若童辯日當時獨步弱冠仕魏為
本朝請加威烈將軍子時周大祖河衛魏室乃使公與尚書盧辯等脩六官職分並定
禮律法令後二年除散騎侍郎魏祚告終將遵揖讓設官分職一依周禮乃冊命公授
大司寇府二命士于時官既新事多疑滯府內大小皆諮稟於公臨事斷決綽有餘
裕周元年除揚烈將軍左員外常侍遷掌上士其任則御史之職於是紀察非遠朝儀
肅穆俄而加建節將軍誠議武成二年除前將軍左銀青光祿司寇府都上士副貳之
官總統一府自非平允何以居之遷布憲大夫尋授小內史魏氏云季海內橫分茫茫
東夏未革聲教武皇帝慮雲已映龍德未昇思救塗地之若方開濟天之業神行官
轉于晉多陽運籌帷幄冥資奇士乃引為莫府司馬還授小納言又授東騎大將軍
儀同三司出入王命乃山甫之喉舌儀形曷足郎茂先之論道眷言千載我無愧焉授
鄉伯中大夫轉司成中大夫除使持節儀同大將軍專修國史仍彼蓬山是司國籍有
南漢之道長遷固之才婉而成章門人不能預筆勞放縱過秦典之擬授典祀中大夫
兼軍宗廟致敬鬼神郊丘無聽最之究肆積山川之享封濩澤縣開國伯邑六百戶
授湖師大將軍除扶風太守地稱六輔俗雜五方任俠成群輕薄在君心身率下言
不及私扶弱抑強流清蕩濁政使頌聲溢道圖囹空虛京師號九里之潤山谷受一鼓
之禮進爵為公愈已如故誠謂白首協部稽之李司空拂第宜繼張溫之跡但
報善無徵聰早多爽人生到此天道何言春秋五十有八以開皇三年七月六日薨於
京舍十月十九日葬於洛陽之北邙水逝年作山飛海竭勒銘玄壤永誌清塵其銘曰
分天累構紀地靈長世功世祿為龍為光珠生漢水璧出荊陽百祀必復其風未央
降淳精載誕餘慶□秀舉青簡可詠德標禮興為德柄入孝出弟終和且敬篤志
於學業尚丁寬渡海賓蔚□行著書東觀賛務秘閣官筆削無隱齊□以寬入主
□學綸韋出臨京輔又為國幹緊為已息天無自識一下豊京光華誰且長諱人世
永弘山河生氣尚在去白苦為愁□矢結思為最和德音無斁寄在歌
夫人聞喜郡君河東裴氏息子徹 女倩姝 女婧嫄

PT/541　寇奉叔墓誌并蓋　佚名撰

隋開皇三年（583）十月［十九日］葬　河南省洛陽市孟津區攔駕溝村出土

民國拓本　2張　66 cm×66 cm，54 cm×54 cm（蓋）

正書

蓋題：隋故儀同亳州刺史昌國公寇使君墓誌

首題：隋故使持節儀同大將軍昌國惠公墓誌銘

鈐印：倉氏金石文字

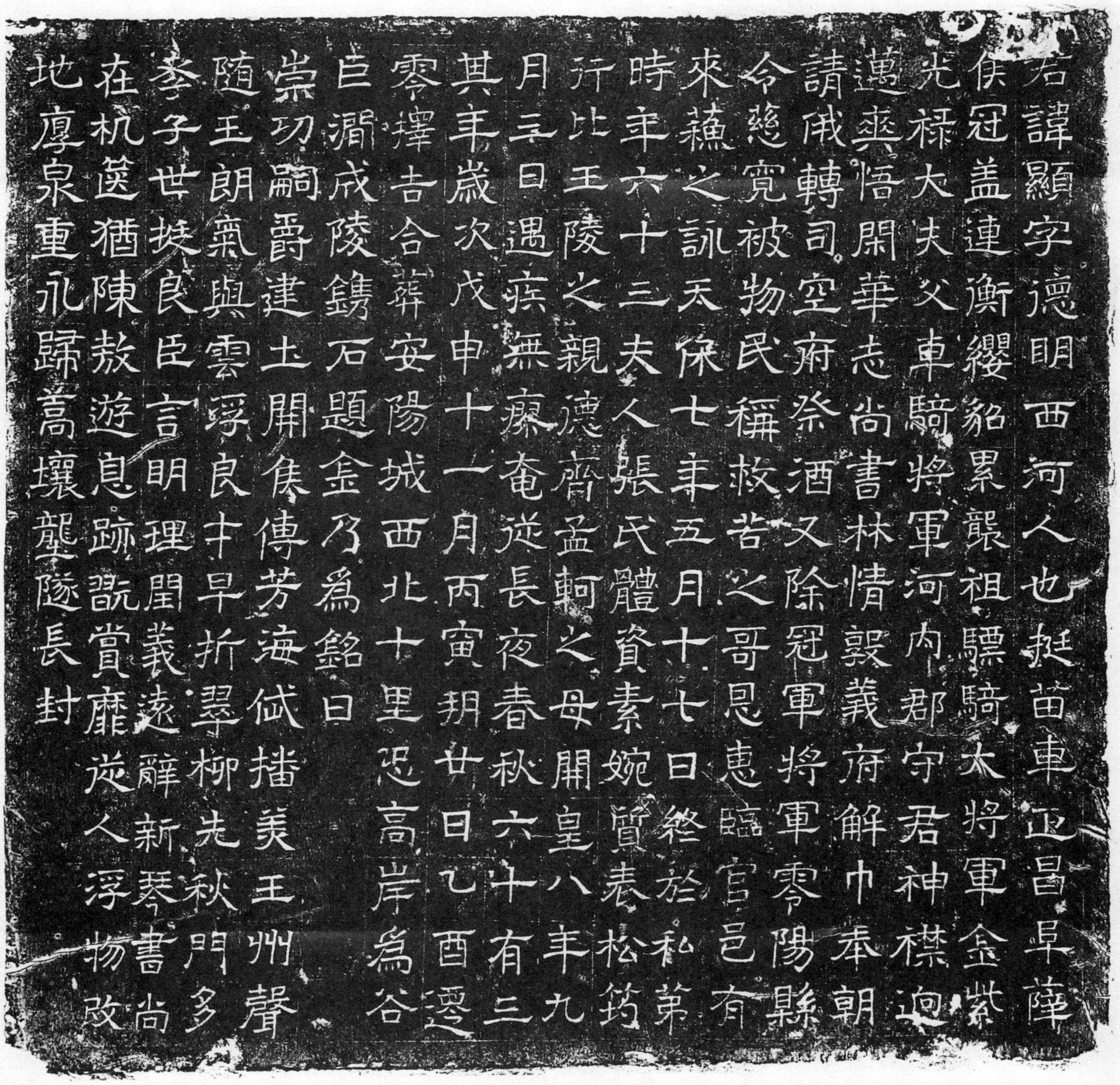
君諱顯字德明西河人也挺苗車正昌阜隆
侯冠蓋連衡纓紱累襲祖驃騎大將軍金紫
光祿大夫父車騎將軍河內郡守君神襟迥
邁爽悟開華志尚書林情敦義府解巾奉朝
請俄轉司空府祭酒又除冠軍將軍零陽縣
令慈寬被物民稱救苦之哥恩惠臨官邑有
來蘇之詠天保七年五月十七日終於私第
時年六十三夫人張氏體貲素婉質表松筠
行比王陵之親德齊孟軻之母開皇八年九
月三日遇疾無瘳奄從長夜春秋六十有三
其年歲次戊申十一月丙寅朔廿日乙酉遷
零擇吉合葬安陽城西北十里退高岸為谷
巨瀆成陵鑄石題金乃為銘曰
崇功嗣爵建土開疆傳芳海岱播美王州聲
隨王朗氣與雲浮良才早折翠柳先秋門多
孝子世挺良臣言明理閏義遠辭新琴書尚
在杌蓖猶陳敖遊息跡翫賞靡從人浮物改
地厚泉重永歸蒿壤塋隧長封

PT/544 ［任］顯墓誌 佚名撰

隋開皇八年（588）十一月二十日葬　河南省安陽市出土

清末民國拓本　1張　45 cm×45 cm

隸書

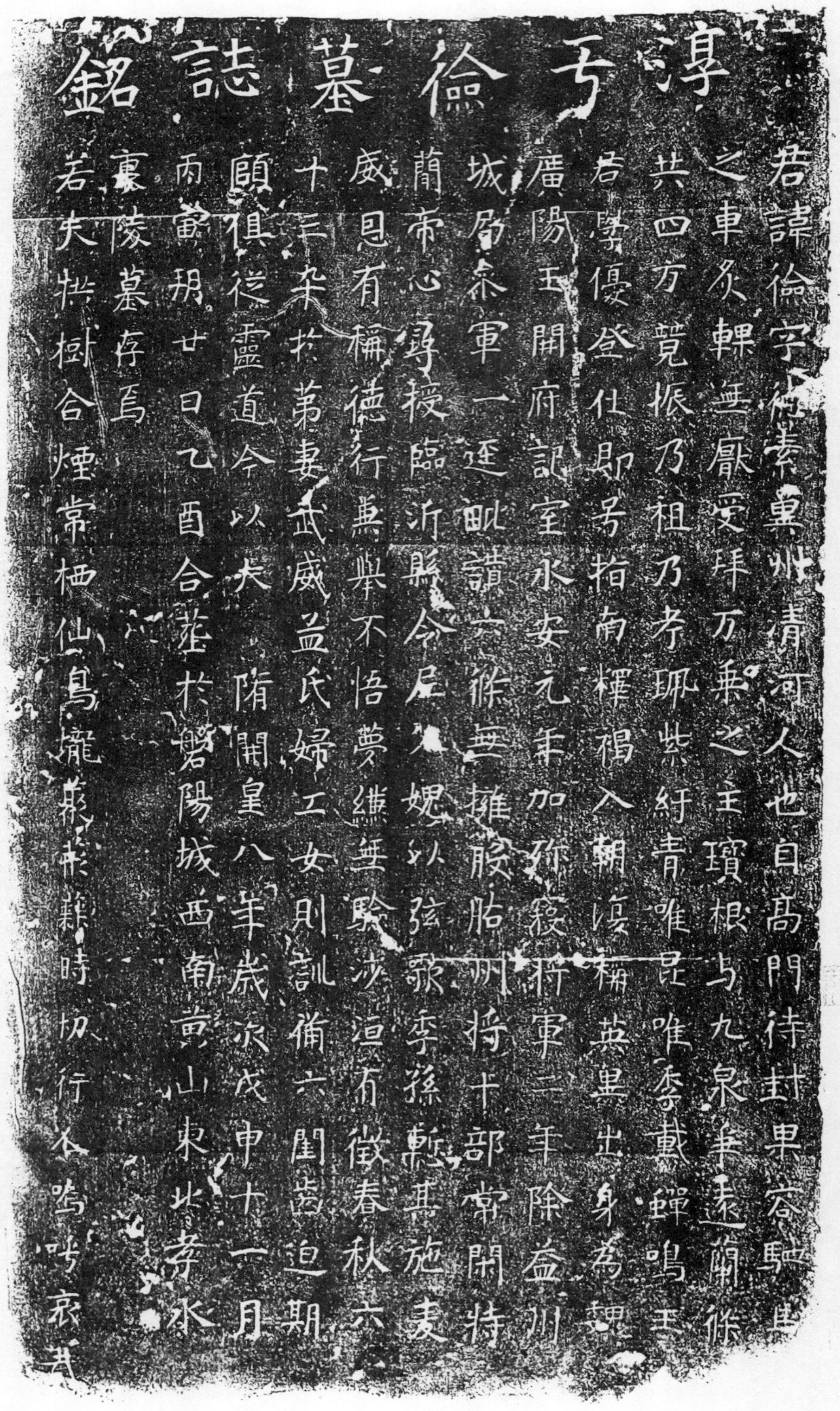
淳于儉墓誌銘
君諱儉字儉素冀州清河人也自高門待封果容駟馬
之車久轢無厭受拜万乘之主瓊根与九泉争遠蘭條
共四方競振乃祖乃考珮紫紆青唯昆唯季戴蟬鳴玉
君學優登仕即号指南釋褐入朝復稱英異出身爲魏
廣陽王開府記室永安元年加殄寇將軍二年除益州
城局參軍一邅齓讀六韜無擁腹胎州將十部常開特
蔺帝心尋授臨沂縣令居人娛以弦歌季孫慙其施麦
處恩有稱德行無與不悟夢纓無驗涉洹有徵春秋六
十三卒於第妻武威益氏婦工女則訓備六閨齒迫期
頤俱從靈道今以大隋開皇八年歲次戊申十一月
丙寅朔廿日乙酉合葬於磐陽城西南黄山東北孝水
裏陵墓存焉
若夫拱樹合煙常栖仙鳥壟菾菾蘇時切行人嗚呼哀哉

PT/545　淳于儉墓誌　佚名撰

隋開皇八年（588）十一月二十日葬　山東省淄博市出土

清末民國拓本　1張　72 cm×41 cm

正書

額題： 淳于儉墓誌銘

鈐印： 澹盦金石

倉永齡題簽： 己未蓮溪贈

PT/546　韋略墓誌　佚名撰

隋開皇八年（588）十二月十四日葬　江蘇省徐州市銅山區出土

清末民國拓本　1張　75 cm×67 cm

正書

首題：故行臺侍郎韋君墓誌并序

鈐印：倉氏金石文字

倉永齡題簽：按，“戊申”應是隋開皇八年，年號泐字似是“開皇八”三字

PT/547 暴永墓誌并蓋 佚名撰

隋開皇九年（589）十月二十四日葬　山西省長治市壺關縣出土

清末民國拓本　2張　47 cm×47 cm，37 cm×37 cm（蓋）

隸書，蓋篆書

蓋題： 隋故定州刺史暴君之墓誌銘

倉永齡題簽： 癸亥得於津門

君諱永字遠業上黨壺關人也周大夫[illegible]公之
苗裔祚土千里之胤位尊八命之禮駁四馬於
周郊載九旒於像魏啟邑開封餝昭青史黼藻
書於鳳成餘芳播於遐代遠祖聰漢景帝初剖
符分竹經莅此邦枝葉縣縣遂宅斯邑祖欒解
褐征南將軍拜并州刺史君溫恭剋讓後己先
人令望令聞形於家國水運告終群龍鼎峙齊
神武帝鳳戢晉陽虎視河洛以君志氣風威徵
為晉州城局參軍解綬戎麾歸修溫清郡辟功
曹興和之季龍戰中原烽火夜馳華蕃擊柝為
當郡大都督行壺關樂陽二縣禮及懸車授之
州刺史開皇九年七月三日薨於第其年十月
廿有四日窆壺關城西十有五里慈澤鄉行義
里　扃泉戶碑上金生黃鵠吟哀樵童罕識乃
為銘曰
武王枝子啟生周胤位尊德重響著雅詩枝葉
縣縣傳芳百世漢道方隆爵連華袞雖君雄果
[illegible]著嘉聲脫[illegible]碑[illegible]金[illegible]

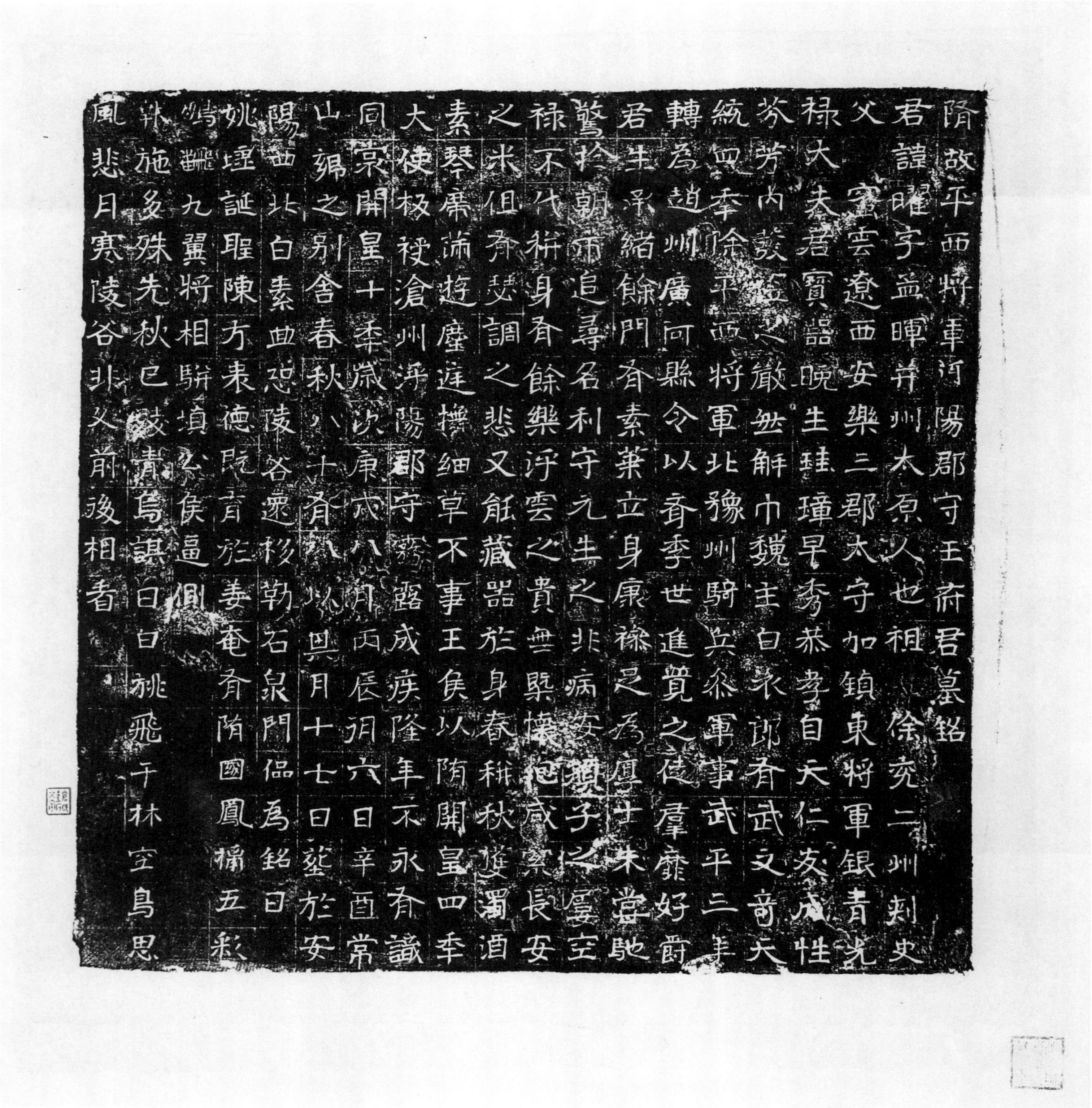

PT/548　王曜墓誌　佚名撰

隋開皇十年（590）八月十七日葬　河南省安陽市出土

民國拓本　1張　42 cm×42 cm

正書

首題：隋故平西將軍浮陽郡守王府君墓銘

鈐印：滄龕、倉氏金石文字

倉永齡題簽：辛酉臘八得

PT/549　張景略墓誌　佚名撰

隋開皇十一年（591）正月二十六日葬　河南省安陽市出土

清末民國拓本　1張　43 cm×43 cm

隸書

首題：大隋車騎秘書郎張君之銘

鈐印：倉氏金石文字

倉永齡題簽：辛酉得

PT/550　䡖賓墓誌　佚名撰

隋開皇十五年（595）十月二十四日葬　陝西省咸陽市武功縣出土

清末民國拓本　1張　52 cm×52 cm

正書

首題：周驃騎將軍右光禄大夫雲陽縣開國男䡖君墓誌銘

鈐印：錫青

倉永齡題簽：庚申得於都門

PT/551　劉明墓誌　佚名撰

隋開皇十八年（598）五月二日葬　河南省洛陽市出土

清末民國拓本　1張　40 cm×39 cm

正書

首題：奉車都尉振威將軍淮南縣令劉世榮墓誌銘

鈐印：倉永齡印、澹盦金石

倉永齡題簽：戊午秋九月

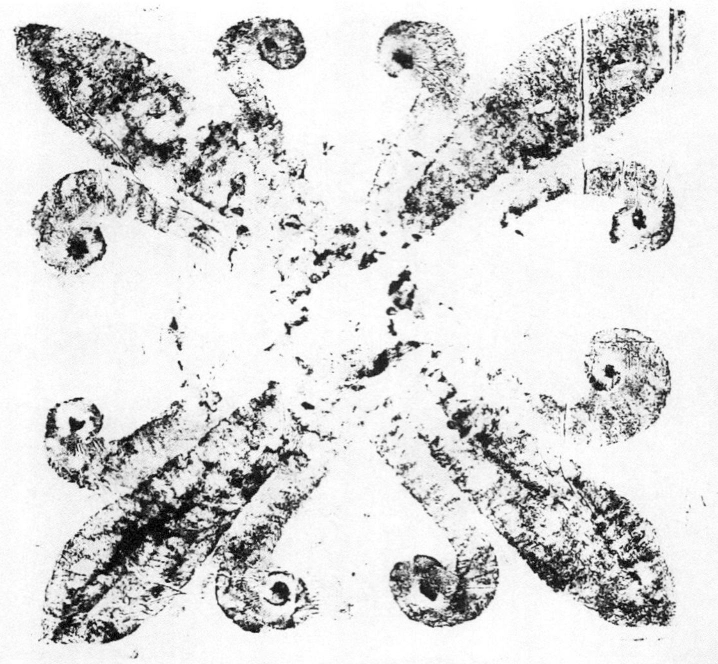

PT/552　李盛墓誌并蓋　佚名撰

隋開皇十八年（598）十月十二日葬　河北省滄州市滄縣出土

清末民國拓本　2張　42 cm×42 cm，30 cm×30 cm（蓋）

正書

首題：齊故東周縣令李明府墓誌銘

倉永齡題簽：壬戌秋得於津門

PT/553　宋睦墓記　佚名撰

隋開皇十八年（598）十月十二日葬　河北省張家口市蔚縣出土

清末民國拓本　1張　24 cm×64 cm

正書

鈐印： 澹盦

倉永齡題簽： 辛酉冬月得

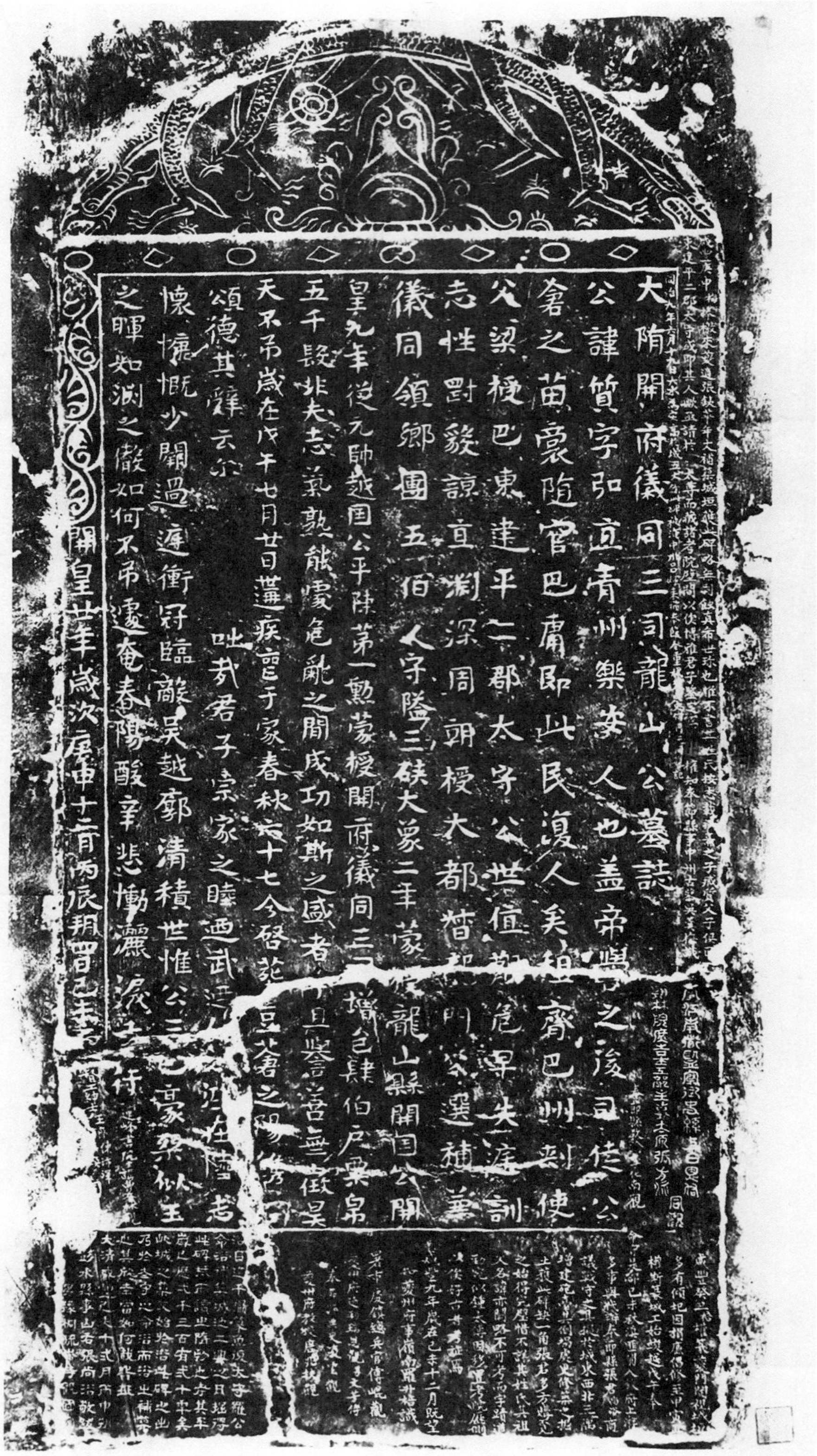

PT/554　［臧］質墓誌（龍山公墓誌）　佚名撰

隋開皇二十年（600）十二月四日葬　重慶市奉節縣出土

清末民國拓本　1張　95 cm×49 cm

正書

首題：大隋開府儀同三司龍山公墓誌

鈐印：澹盦收藏

PT/555　［趙］韶墓誌　佚名撰

隋仁壽元年（601）二月十八日葬　河北省保定市定州市趙村出土

清末民國拓本　1張　46 cm×46 cm

正書

鈐印： 澹盦收藏

PT/556 申穆墓誌 佚名撰

隋仁壽元年（601）十一月四日葬　山西省長治市潞城區出土

清末民國拓本　1張　47 cm×49 cm

隸書

鈐印：高翰生審定金石文字

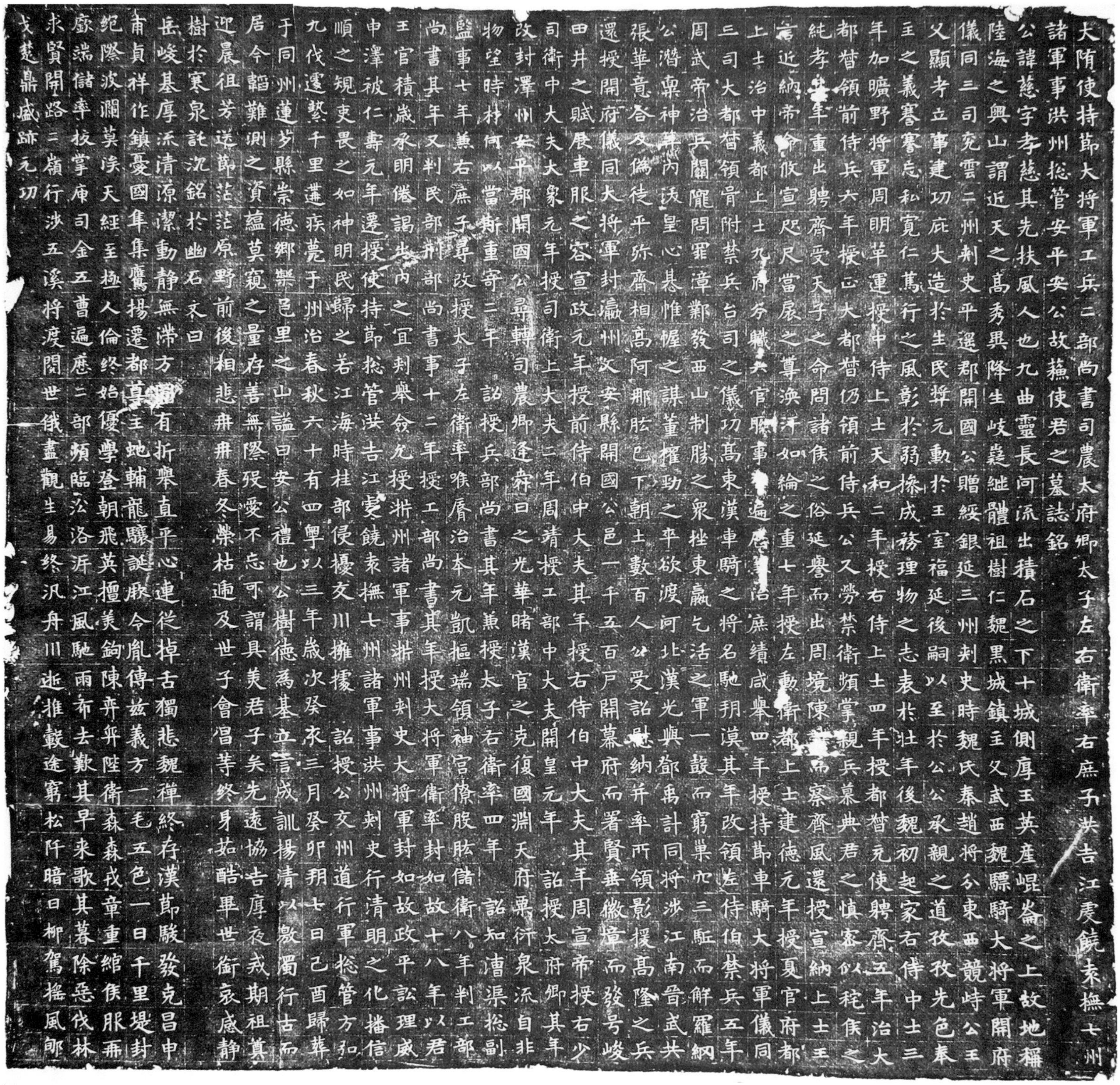

ST/557　蘇慈墓誌（蘇孝慈墓誌）　佚名撰

隋仁壽三年（603）三月七日葬　陝西省渭南市蒲城縣出土

清末拓本　1張　83 cm×83 cm

正書

首題：大隋使持節大將軍工兵二部尚書司農太府卿太子左右衛率右庶子洪吉江虔饒袁撫七州諸軍事洪州總管安平安公故蘇使君之墓誌銘

鈐印：農山持贈、田問舉審定、倉氏金石文字、澹盦、倉永齡印

倉永齡題簽：甲寅得於河東；初拓本

前齊故儀同三司寧都公馮君夫人荊山郡君李氏墓誌
銘
夫人諱玉婍頓丘衛國人也伯陽居周時推龍德元禮仕
漢志仰龍門惠業靈根既繁衍於千祀衣纓黼黻寔暉
於百代祖肅涇州刺史頓丘公父化陽平郡太守左[illegible]祿
大夫並墉宇深沉風格弘整為人倫之冠冕作雅圓之禎
幹夫人感靈蘿究蘊精巫洛端莊令淑應圖合禮有德有
容非由傳母之訓既柔既順無滯識安之書年十有九適
於馮室言告言歸結松蘿於君子如兄如賓助蘋藻於先
人詔除荊山郡君馮氏名振三方功高一代十鄉万石七
貴五侯陋許史於西京鄙袁楊於東國歌堂餚館環珮鏗
鏘夫人卞志恬情不以地嬌物承訓子弥以冀幕闕
心春秋卅有八以齊武平三年十一月八日薨於鄴城之
嶶海里第越以大隋仁壽四年歲次甲子十一月癸巳朔
四日丙申合葬於共城東北五里柏尖山之東禮也柏
樹已枯還見王褒之淚[illegible]枝既折復驗許敦之感乃為銘
日
彩芳蕙暎曜[illegible]田家聲既茂婦德斯全初笄咸盛言歸
進賢如賓[illegible]舉案光前辭彼葛蕈方茲唐棣容儀幽靜
閨房撫誨[illegible]轉難成百年俄逮園竹猶在池魚空對寂寂
封戶蕭蕭郭門人民非舊城市空存霜露恒冷松楊自昏
玄[illegible]一閉天道何言

PT/558 馮君妻李玉婍墓誌 佚名撰

隋仁壽四年（604）十一月四日葬　河南省新鄉市輝縣市出土

清末民國拓本　1張　67 cm×67 cm

隸書

首題： 前齊故儀同三司寧都公馮君夫人荊山郡君李氏誌銘

鈐印： 澹盦收藏

倉永齡題簽： 戊午秋得於津沽

隋邯鄲縣令蔡府君故妻張夫人墓誌銘并序
夫人諱貴男范陽方城人也軒丘誕聖化表垂衣炎漢膺圖謀宣帷
幄七葉蟬聯富平隆其世祀三台炳曜壯武光其弼諧故能㦸冕斯
興名器不絶祖綰梁侍中尚書左僕射儀同三司位居論道功佐五
臣父尢陳給事黃門侍郎廷尉卿譽表平反連華九棘夫人多稟淳
深早標令問藝閑詩禮寧勞師氏之功業備鞶絏非因女史之訓太
父儀同府君深所愛賞錫名貴男年廿歸于蔡氏結禱表飾重錦增
暉羃酒陳其肅恭咸盥宣其匪懈閨門仰則保姆推賢每時還拜覲
言歸異室未常不流涕歔欷悲纏左右同堂姑即梁明帝之后盛持
風範夙挺柔明內外親屬罕能會意爰自渚宮旋駕淮海夫人拜見
之辰即蒙賞異特加褒獎稱為女師乃賜銀匕筯一具以彰殊寵既
而金湯失險關河飄寓劬勞杼軸少選不違便煩箕帚夙夜無怠誨
諸子以義方睦宗親以柔順宜從里訓教斷織垂訓而已我蔡侯
述職邯鄲夫人從任全趙降年不永奄同過隙大業元年九月廿八
日終於官舍春秋五十六高堂寂漠終無扶瑟之期廡下悲涼寧逢
舉案之日夫人稟氣清明畀駉節儉不尚妍華罕言世利志懷潔素
雅性沉嘿無矜矯絶毀譽靡悋拳握恭事親表執笲儼然闔門可則
加以過誠妙法栖心正道食甘蔬菲味革膻腥凡有資財咸從檀施
仁壽無徵卜遠斯及以二年十二月廿九日遷葬于洺州邯鄲縣孝
義鄉言信里之原搖落寒山獨有銷亡之桂寂寞湘渚空染便娟之
竹牛闕遐險迴舟旅而無期鷺濤悠湧駕綃幕而方阻式窆他鄉敬
鐫沉石其銘曰 珪璧含潤蘭桂有芳昭我懿德淑慎斯彰業無
煇紃組學貫緹緗禮華易匹婉嫕難方作配高門式調中饋敬愛
閑言容咸備肅穆褘襜透他善珥薰脩八解精研十地法雨斯沾慈
雲可庇居諸忽往風燭難留俄悲撤瑟遽切藏舟無期及葬徒懷首
丘梁穀掩日扇似逢秋梁月隱罷晦雲浮三泉永固千載名添

ST/559　蔡君妻張貴男墓誌　佚名撰

隋大業二年（606）十二月二十九日葬　河北省邯鄲市出土

清末民國拓本　1張　58 cm×58 cm

正書

首題：隋邯鄲縣令蔡府君故妻張夫人墓誌銘并序

鈐印：明承珍賞、章千石、元生有成珍瑞、倉氏金石文字

倉永齡題簽：辛酉冬月得於天津

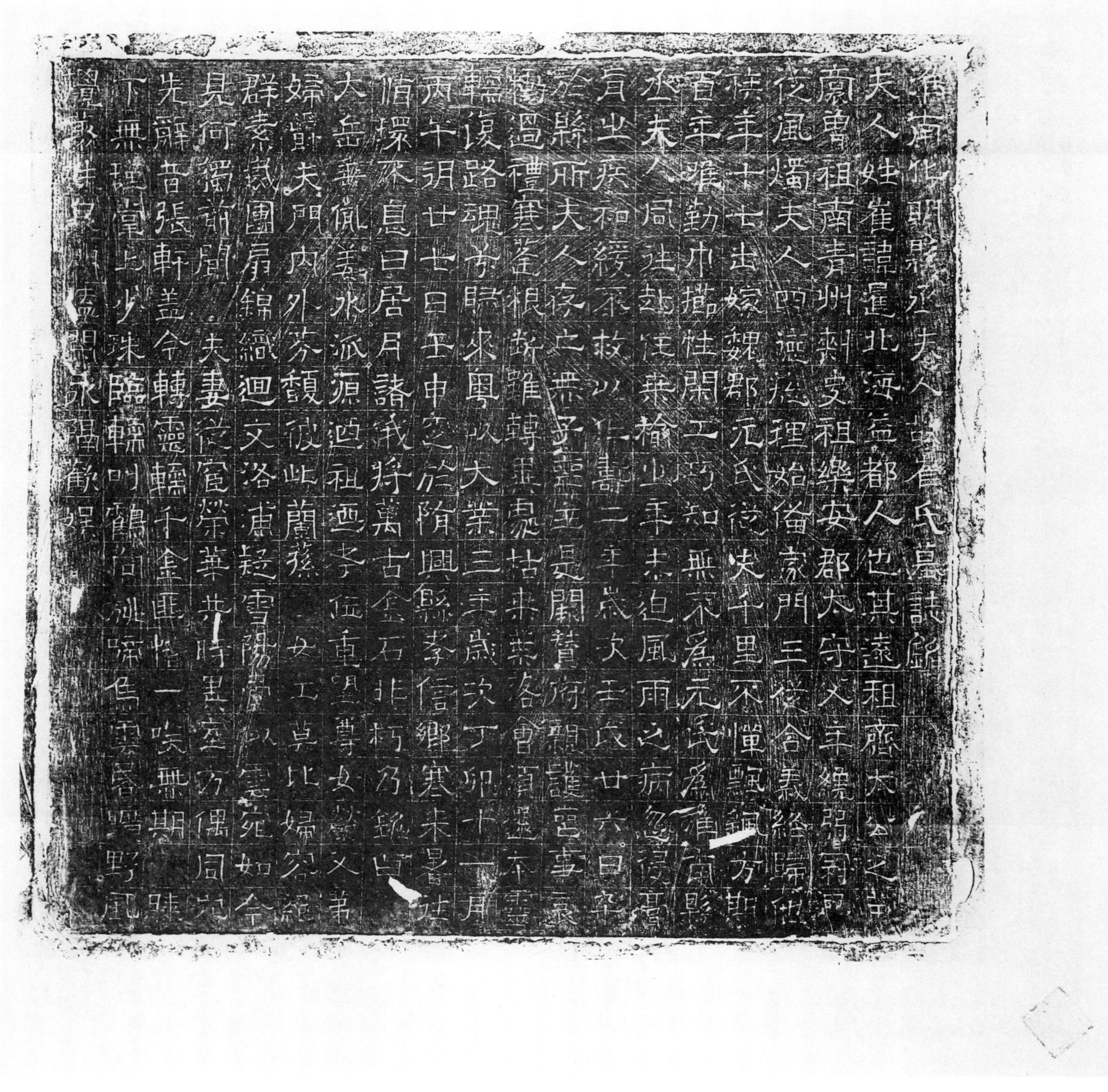

PT/560　元君妻崔暹墓誌　佚名撰

隋大業三年（607）十一月二十七日葬　河南省新鄉市衛輝市出土

清末民國拓本　1張　42 cm ×42 cm

隸書

首題： 淮南化明縣丞夫人故崔氏墓誌銘

PT/561　任軌墓誌并蓋　佚名撰

隋大業四年（608）二月九日葬　河南省洛陽市出土

清末民國拓本　2張　56 cm×56 cm，49 cm×49 cm（蓋）

隸書，蓋篆書

蓋題：隋故朝散大夫將作少匠任君墓誌之銘

鈐印：倉氏金石文字、倉永齡印

君諱軌字洪則西河隰城人也導源出震自羲皇而命氏開
國爭長與滕侯而共朝其後安隗馳名峻愷流譽玉質挺於
四代金聲播於千祀祖龍舉茂才官至樂安太守襲爵梁城
侯父仲讓國子助教驃騎大將軍義州大中正並當世指南
一時規矩家風不墜仁德所歸君秀而不弄早擅通理誠孝
自天溫恭寧性解褐員外將軍轉任南營州外兵參軍事又
除洛州食貨監參軍藉三略之權食貨資八政之本董司經
紀咸爲稱職復授楊州總管府錄事參軍事又轉[illegible]太尉公
晉王府錄事參軍事懷擢木之志早識龍顏竭勁草之誠託
身鳳翼既而少陽正位博望求賢轉太子舍人武騎尉任洛
伊始總攝大壯度堂考室寔俟得人遷將作少匠加建節尉
宜成名立冀府拾於青紫日居月諸奄罹疾於霜露忽以大
業三年六月二日卒於長安之醴泉里春秋六十有六上惻
聖情哀悼兼被　詔贈朝散大夫以今四年歲次戊辰二月
甲戌朔九日壬午厝於洛陽縣常平鄉遊仙里　
夫人薛氏河東人祖慶緒仁州刺史父元嗣開國侯並德業
相承簪纓遞襲師軌雅俗欽望斯在夫人乃操履溫潤器調
柔明婉娩爲容幽閑秉德仁壽四年正月二十日終於長安
時年四十有二百齡未半雙劍俄分久爲東望之魂奄合西
階之葬迺爲銘曰
學惟祖祢世載其芳君承家業惟顯惟昌忽辭青紫奄就荒
涼空傳史筆談贍白楊

PT/563　羊瑋墓誌　佚名撰

隋大業六年（610）九月十五日葬　河南省洛陽市出土

清末民國拓本　1張　47 cm × 47 cm

正書

首題：隋故朝請大夫右禦衛東陽府鷹揚郎將羊君墓誌

鈐印：倉氏金石文字

PT/564 董穆墓誌 佚名撰

隋大業六年（610）十一月三日葬　河南省洛陽市出土

清末民國拓本　1 張　42 cm × 44 cm

正書

首題： 大隋大業六年歲次庚午十一月戊午朔三日庚申襄城郡汝南縣前主簿墓誌序

鈐印： 澹盦收藏

倉永齡題簽： 石藏長白托活洛氏

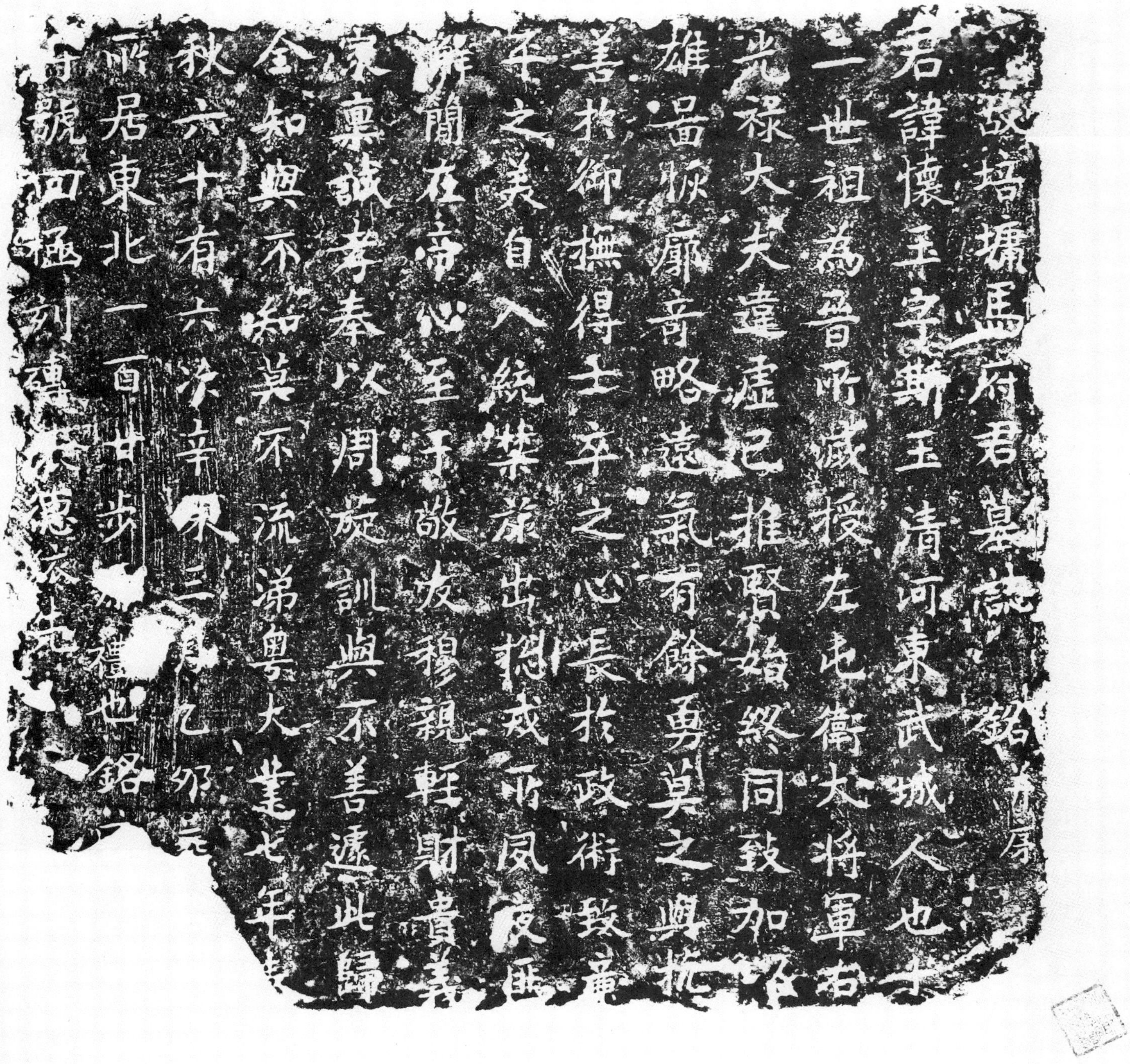

PT/565　馬懷玉墓誌　佚名撰

隋大業七年（611）三月三十日葬　出土地不詳

清末民國拓本　1張　44 cm×44 cm

正書

首題：□故培墉馬府君墓誌銘并序

PT/566　蕭瑒墓誌并蓋　佚名撰

隋大業八年（612）八月十三日葬　河南省洛陽市出土

清末民國拓本　2張　59 cm×59 cm，48 cm×48 cm（蓋）

正書，蓋篆書

蓋題：隋故秘書監左光禄大夫陶丘簡侯之銘

首題：隋故秘書監左光禄大夫陶丘簡侯蕭君墓誌銘并序

鈐印：倉氏金石文字

倉永齡題簽：辛酉冬月得

隋故秘書監左光禄大夫陶丘蕑侯蕭君墓誌銘并序
君諱瑒字同文蘭〻陵〻人玄鳥降祺作司徒而敷五教黃魚
瑞洛應予命而玉九有盛德必祀微子播美於周書邑有世功
大心見稱於魯史丞相以宏圖高佐命少傅以儒術冠當時魏
晉以降英賢踵武高祖梁武皇帝曾祖昭明皇帝王父宣皇帝
顯孝孝明皇帝立德立功之迹無倦彈翰記言記事之書備彰
載筆布在方策可得而略焉君降神川岳稟靈霄漢幼而風範
蕑貴有異常童綺襦紈袴之閒夙有成德談天辯日之歲卓尒
不群孝友率由仁慈冥至愛賢敬長之操挺自生知信友廉財
之風無待傍習年九歲奉朝封義安郡王食邑二千戶開皇七
年從梁主入朝京師九年授開府儀同三司封陶丘郡開國公
邑二千戶仁壽二年授太子洗馬大業元年授東京衛尉少卿
二年授上開府儀同三司三年　朝旨以近代官号隨時變改
雖取舊名不存事實改上開府授銀青光禄大夫陶丘封爵從
例除羅四年守秘書監五年即真秘書監六年封陶丘侯七年
行幸幽燕有事遼碣　詔檢校左驍衛將軍餘並如故以其年
十二月十七日遘疾薨于涿郡薊縣之燕夏鄉歸善里春秋卌
有九粤以八年太歲壬申八月戊申朔十三日庚申永窆于河
南郡河南縣千金鄉靈淵里之塋　詔贈左光禄大夫侯如故
謚曰簡禮也陵谷貿遷天長地久俾春蘭與秋菊共金石而無
朽迺為銘曰
峩〻洪族帝乙之苗掞殷於宋祚邑于蕭藍田有玉世載瓊瑤
篤生君子淵猷允塞道實人宗行為士則制爵唯功懋官在德
仁壽虛說光陰不借未騁脩途遽遵太夜玉質雖掩蘭芬豈謝

PT/568　孔神通墓誌　佚名撰

隋大業八年（612）十一月八日葬　河南省洛陽市出土

民國拓本　1張　54 cm×54 cm

正書

首題： 孔河陽都尉墓誌

倉永齡題簽： 庚申得於都門

PT/569　姜明墓誌　佚名撰

隋大業九年（613）二月二十八日葬　河南省洛陽市出土

清末民國拓本　1張　51 cm × 51 cm

正書

首題： 周上儀同三司岐山縣開國侯姜君墓誌銘

鈐印： 倉氏金石文字

PT/571 張盈墓誌 佚名撰

隋大業九年（613）三月十日葬　河南省洛陽市出土

清末民國拓本　1張　53 cm × 53 cm

正書

複本：PT/570

首題： 隋故朝散大夫張府君墓誌銘并序

鈐印： 倉氏金石文字、澹盦收藏

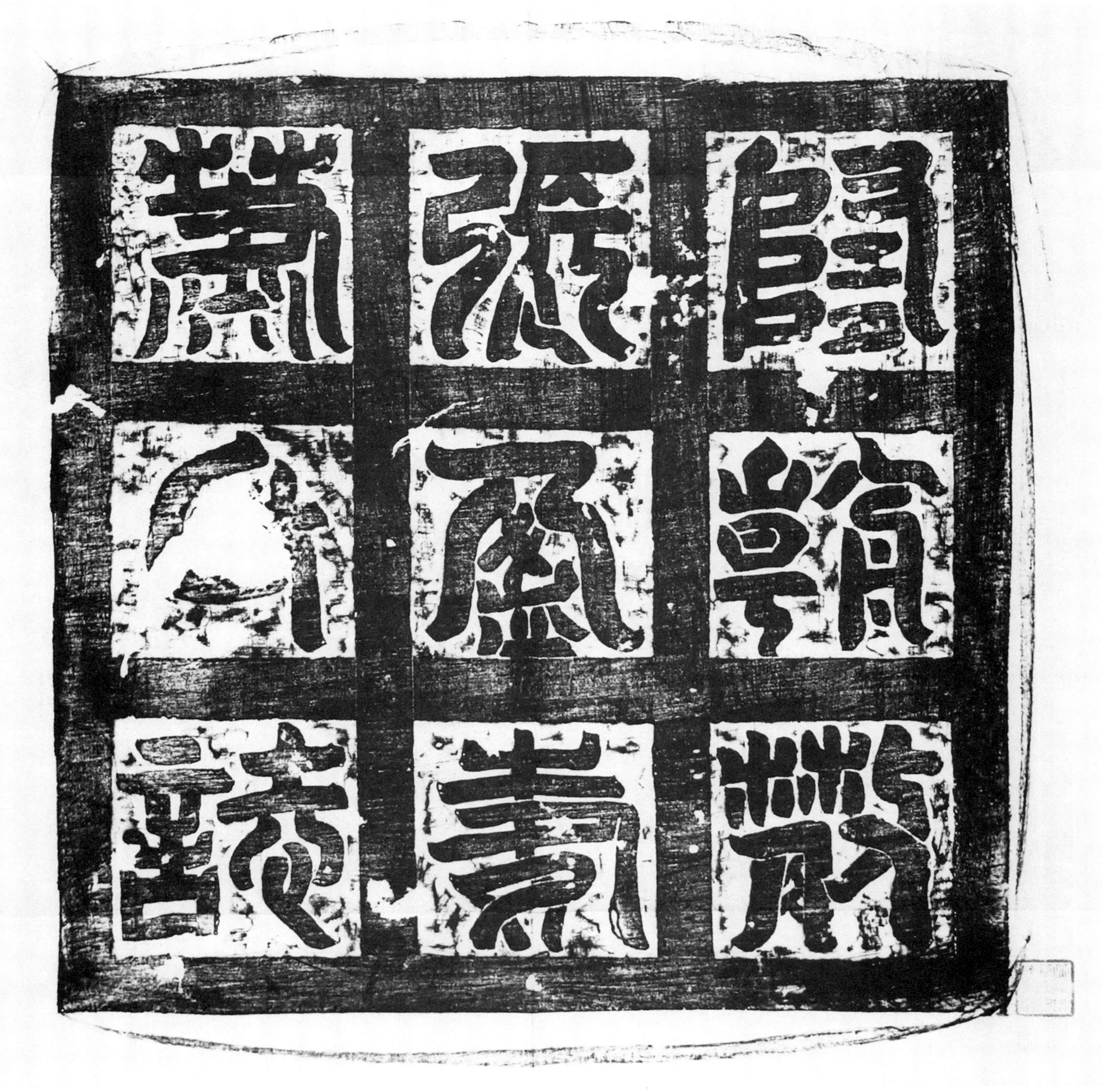

PT/572　張盈妻蕭餝性墓誌并蓋　佚名撰

隋大業九年（613）三月十日葬　河南省洛陽市出土

清末民國拓本　2張　53 cm×53 cm，40 cm×40 cm（蓋）

正書，蓋篆書

蓋題：隋朝散張盈妻蕭氏誌

首題：隋故朝散大夫張府君夫人蕭氏墓誌銘并序

鈐印：倉氏金石文字

隋故朝散大夫張府君夫人蕭氏墓誌銘并序
夫人諱餝性字脩容蘭陵蘭陵人也高祖梁太祖文皇帝曾祖
偉梁南平王齊和帝後安北將軍梁高祖受禪以為鎮北將軍
雍州刺史封建安郡王遷中權將軍揚南徐江三州刺史儀同
三司侍中金紫光祿大夫改封南平郡王鎮衛大將軍右光祿
大夫薨贈侍中太宰加班劒卌人謚元襄王祖恪南平王明威
將軍丹楊尹出為南兗雍郢江四州刺史入為雲麾將軍太子
詹事父翼南平王領軍將軍荊州[illegible]司徒公金紫光祿大夫開
府儀同三司有梁建國王業盛焉番屏盤布宗枝森鬱至於綠
圖册記金簡玉筐蟬聯駱弈可略而言也夫人誕潤九河連芳
八桂自穌訓華邸作嬪素閫肇允令儀閑姿茂識湛柔朗美德
奉君子清顏盡鞶佩之敬弘組織之禮婦皆既章安師斯倫加
復臨圖作鏡撫事成箴旍黼黻之華製賦纖縷抑滿盈之損勒
文敬器故聲馳戚氏德冠樹房庭閨有軌衿褵成則但郝施寘
漢福善無徵方欣保斯眉壽何期齔充長世以大業七年從
駕江都宮還二月廿二日行次譙郡氣疾暴增奄然終沒春秋
六十有八　詔旨賚物一百段隆優賻之禮粵以九年三月十
日窆於河南郡河南縣之北邙山將恐紵滐難固桑海易徙書
茲彤管勒此玄石迺為銘曰
慶雲秀采祥景暉明仁基聖緒玉潤蘭馨展如懿德淑問騰聲
思媚君子則以訓成懃事綌褵肅恭箕箒有端有操曷況曷不
紐組為模襛華難偶圖史光前彝林絕後才邁班姬文超孟婦
福善無郭容儀遽收蘭燈顯顯泉夜悠悠雲臨素柳日映丹旒
[illegible]楊蕭瑟黃鳥飛遊雖當四德獨覇千秋

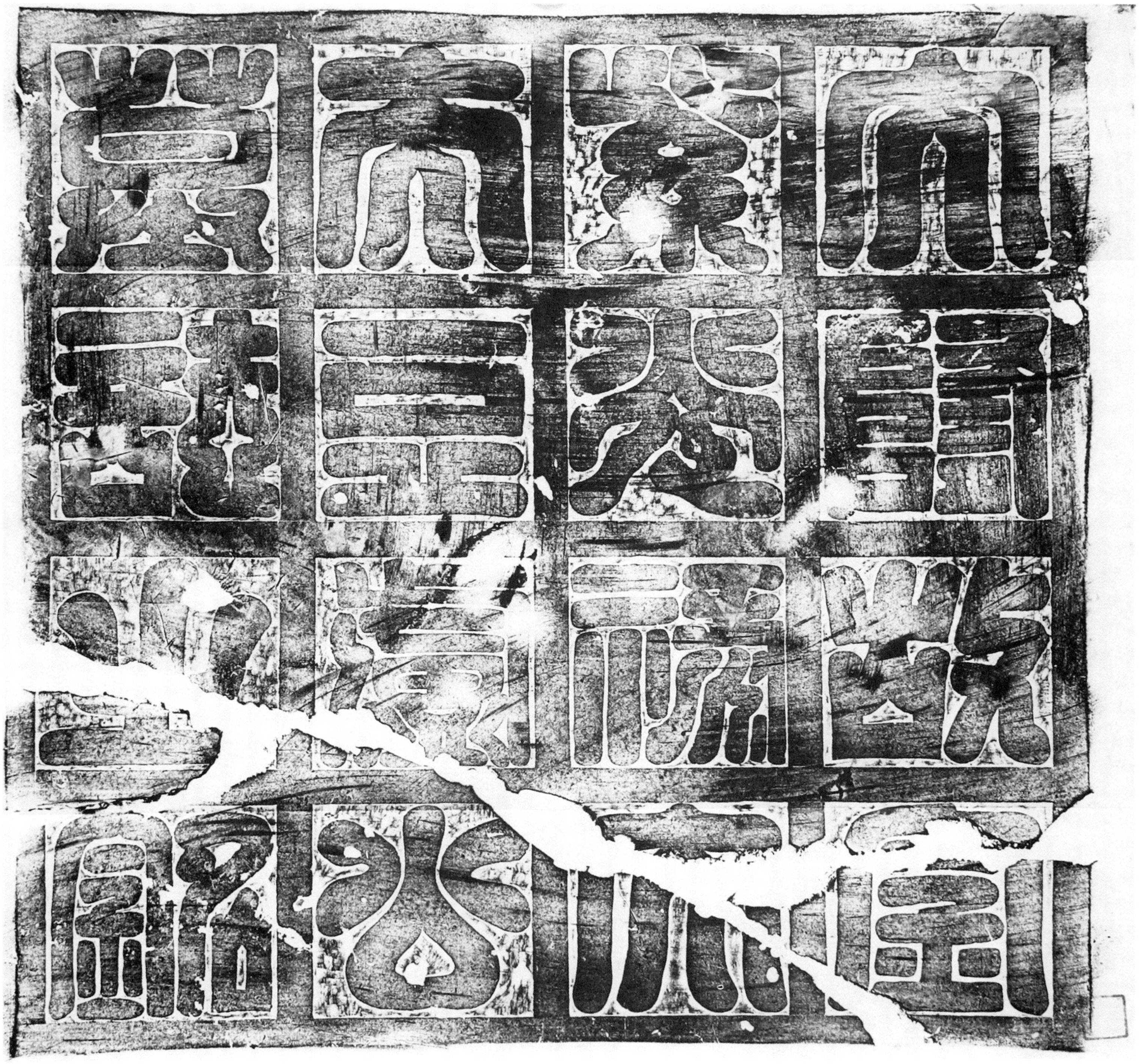

PT/574　豆盧寔墓誌并蓋　佚名撰

隋大業九年（613）十月三日葬　河南省洛陽市出土

清末民國拓本　2張　72 cm×72 cm，60 cm×60 cm（蓋）

隸書，蓋篆書

蓋題：大隋故金紫光祿大夫豆盧公墓誌之銘

首題：大隋故金紫光祿大夫豆盧公墓誌銘并序

鈐印：倉氏金石文字

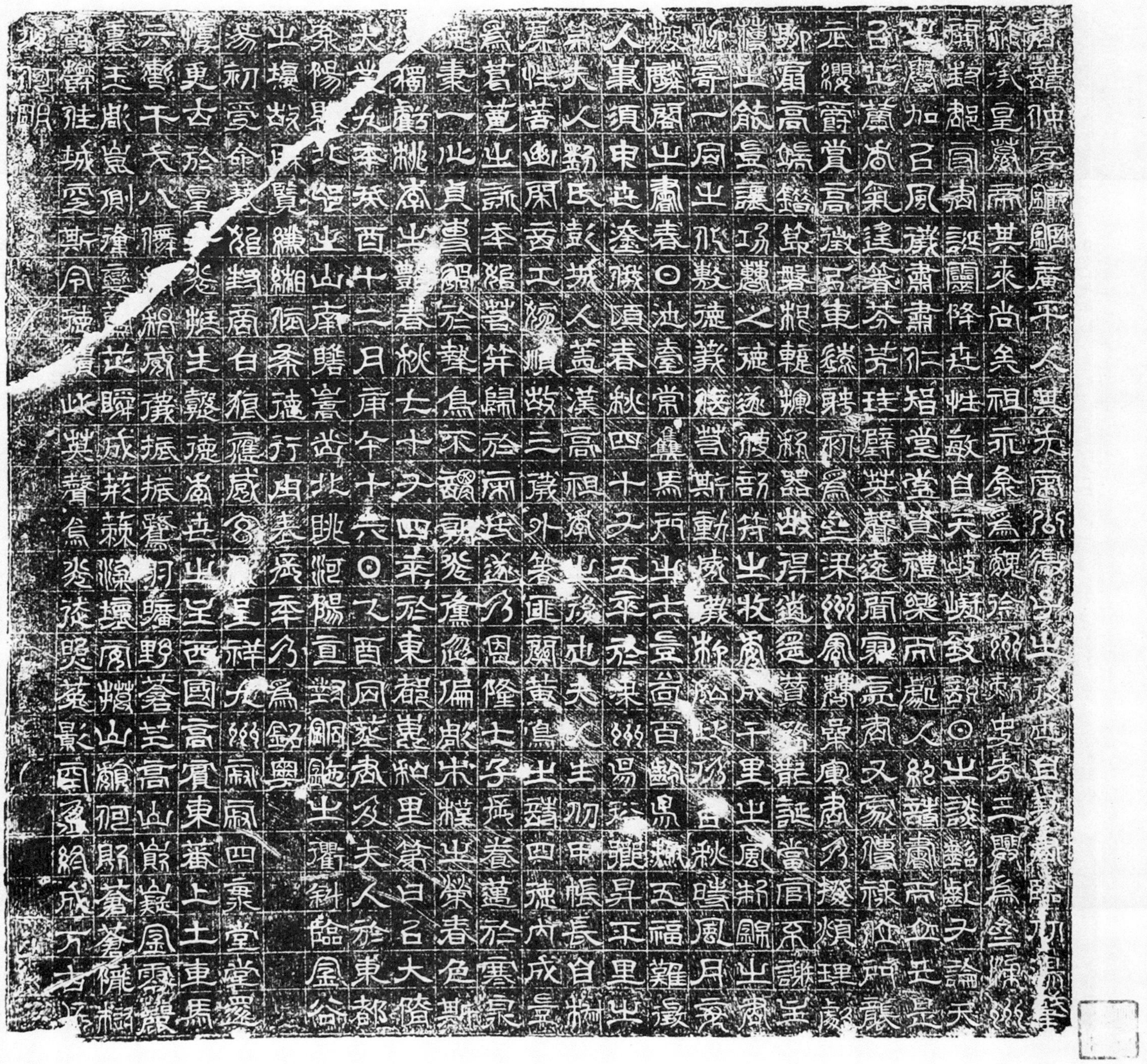

PT/576　宋仲墓誌　佚名撰

隋大業九年（613）十二月十六日葬　河南省洛陽市出土

民國拓本　1張　44 cm×44 cm

隸書

鈐印：倉氏金石文字、永齡私印

PT/053 張波墓誌并蓋 佚名撰

隋大業十一年（615）三月二十二日葬 河南省洛陽市出土

清末民國拓本 2張 33 cm×34 cm，25 cm×25 cm（蓋）

正書，蓋篆書

蓋題：隋故墓銘

首題：隋故張君墓誌銘并序

鈐印：倉氏金石文字

隋故張君墓誌銘　并序

君諱波字方進并州武鄉人漢趙王敖之
後也自茲以降世濟其美詳諸史諜可略
而言祖老魏驃騎将軍西道行臺父尊齊
襄垣郡丞君稟茲餘慶載誕其德令譽夙
章芳徽早著無情青紫有志丘園直以舊
族豪家遷于洛邑門隣甲第衆喧高蓋之
憂巷接旗亭方知大隱之趣優游文史漁
儠玄儒天不祚賢奄從朝露春秋五十有
六大業十一年三月十一日卒於雒陽縣
之嘉善里其月廿二日窆於北邙山禮也
陵谷遷貿日月長久刊石表賢銘茲不朽
其辭曰　軒丘誕聖弦孫命氏弈世英
賢紆青拖紫惟君特達志節高尚湼而不
緇貞而不諒福仁誕說與善虛傳如何指
士而無永年德音徒播松檟森然

PT/856 元智墓誌（元公墓誌） 佚名撰

隋大業十一年（615）[八]月[二十四]日葬 陝西省西安市出土

清末民國拓本 1張 58 cm×57 cm

正書

首題: [大隋故朝請大夫夷陵郡]太守太僕卿元公之墓誌銘

PT/857　元［智］妻姬氏墓誌　佚名撰

隋大業十一年（615）［八］月［二十四］日葬　陝西省西安市出土

清末民國拓本　1張　21 cm×27 cm（上），27 cm×24 cm（下）

正書

首題：［大隋故太僕卿夫人姬氏之誌］

ST/578　□徹墓誌　佚名撰

隋大業十二年（616）三月十日葬　河南省洛陽市出土

清末民國拓本　1張　38 cm×39 cm

正書

鈐印： 倉氏金石文字

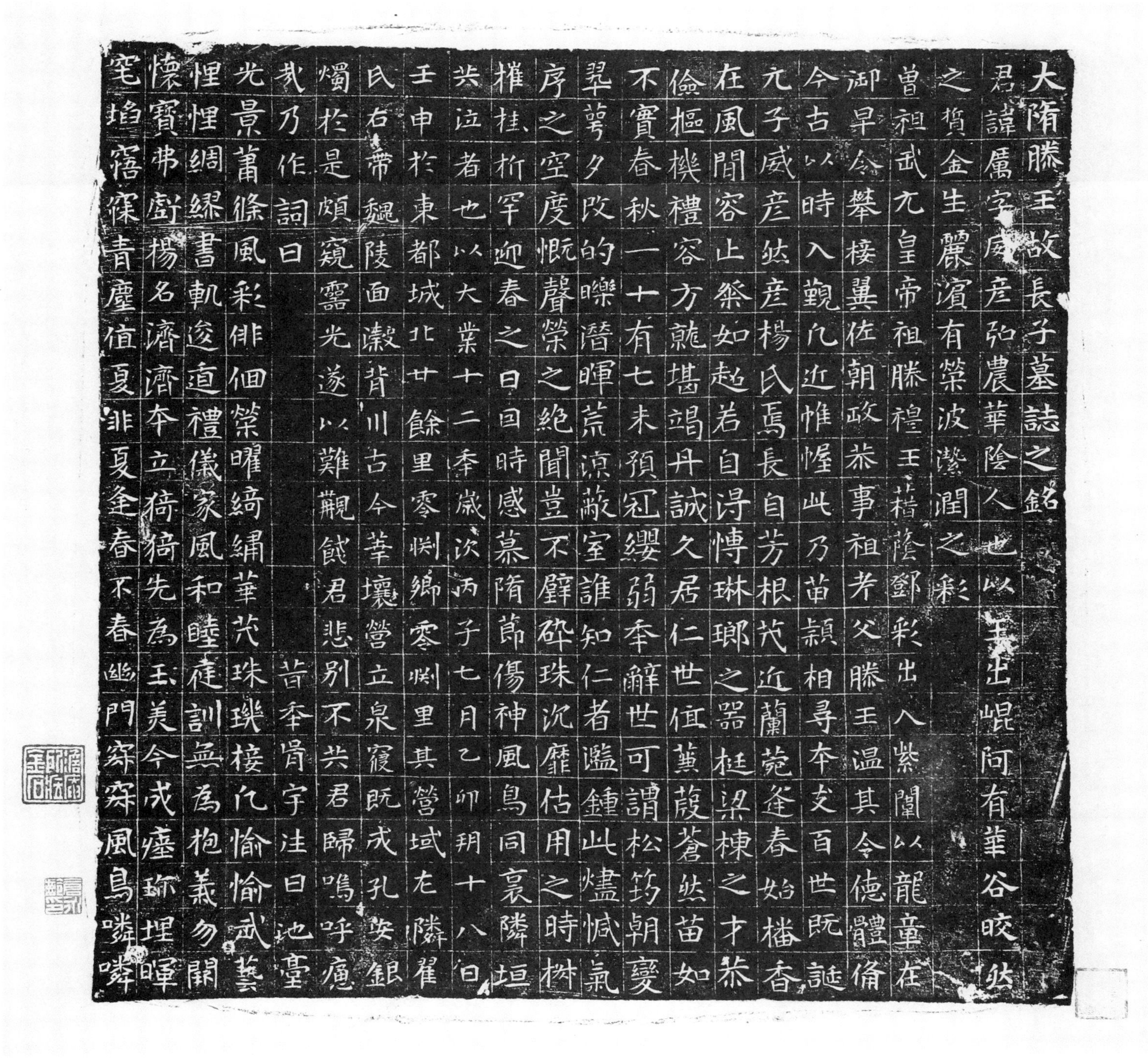

大隋滕王故長子墓誌之銘
君諱厲字廣彦弘農華陰人也以王出崐阿有華谷晈然
之質金生麗濱有榮波瀠潤之彩
曾祖武元皇帝祖滕穆王藉陰鄧彩出入紫闈以龍章在
御早令攀接翼佐朝政恭事祖考父滕王温其令德體備
今古以時入覲凡近帷幄此乃萬頴相尋本支百世既誕
元子威彦然彦楊氏焉長自芳根芃近蘭菀逢春始播香
在風閒容止粲如超若自得愽琳瑯之器梃梁棟之才恭
儉樞機禮容方軌堪竭丹誠久居仁世值蕙葭蒼然苗如
不實春秋一十有七未預冠纓弱年辭世可謂松筠朝變
翠篿夕改的皪潛暉荒涼蔽室誰知仁者鑑鍾此燼慽氣
序之空度慨聲榮之絶聞豈不辟碎珠沈靡估用之時樹
摧桂析罕迎春之日回時感慕隋節傷神風鳥同哀隣垣
共泣者也以大業十二年歲次丙子七月乙卯朔十八日
壬申於東都城北廿餘里零喇鄉零喇里其營域左隣翟
氏右帶魏陵面瀔背川古今華壤營立泉寢既成孔安銀
燭於是頻窺靈光遂以難覩餞君悲別不共君歸嗚呼痛
哉乃作詞曰　昔年骨宇注曰池臺
光景蕭條風彩俳佪榮曜綺縟華芃珠璣棲凡愉愉武藝
悝悝綢繆書軌遂道禮儀家風和睦庭訓無為抱義匆開
懷寶弗獸揚名濟濟本立猗猗先為玉美今成瘞珎埋暉
窀埳窹寐青塵值夏非夏逢春不春幽門窈窕風鳥嘹嘹

PT/579　楊厲墓誌　佚名撰

隋大業十二年（616）七月十八日葬　河南省洛陽市出土

清末民國拓本　1張　47 cm×47 cm

正書

首題： 大隋滕王故長子墓誌之銘

鈐印： 澹盦所藏金石、倉永齡印

隋故朝請大夫襄國郡贊治羊公墓誌銘
君諱本字孝仁番州魯郡人其先漢龍驤祜之後也自
昔冀竈川岳徇承星象將相蟬聯綺組不絶祖偘魏太
山郡太守開國侯考公梁著作郎太子舍人並光映一
時殁有餘馥君幼而爽悟器局不群父以宗儒武以濟
世開皇十有一年除大都督尋遷史部朝請郎又授吳
州清河縣令詔除儀同三司加朝請大夫復除襄國
郡贊治又改襄國郡丞君乃奉上以誠留客晝閣字民
以惠贊名芳史自可河漸海潤流化宣風何畜物變時
移先秋隕露大業十年四月十二日薨於襄國春秋六
十有二既終於職位遂殯之任所今大業十二年歲次
丙子七月乙卯朔三十日甲申改葬於河南郡都城西
北邙山之陽赤墢丞相之年俄奄將軍之墓嗚呼哀哉
夫人周氏瀛州洛壽縣君夫人乃四德孔修六行光備
言成仕則動必仁賢及為儷君子周旋唯義作範幃障
進趍必禮但小年易殁大命難留川谷不恒奄從異世
大業十二年七月九日薨於河南郡之宅時年五十五
即以今日歸附先君之域乃為銘曰懿哉盛德卓矣
能仁學根自古器業惟新合登作灑良君是娘曠放人
閑優遊時歲□知何罰負先彼秋霜夜臺寂寂泉路芒
芒雲寒蒙密風壙蕭颸百年兮已盡千秋兮永畢

PT/580 羊本墓誌 佚名撰

隋大業十二年（616）七月三十日葬　河南省洛陽市出土

清末民國拓本　1張　40 cm×40 cm

正書

首題：隋故朝請大夫襄國郡贊治羊公墓誌銘

鈐印：倉氏金石文字

倉永齡題簽：石在洛陽存古閣；庚申得

PT/581　唐直墓誌　佚名撰

隋大業十二年（616）十月二十六日葬　河南省洛陽市出土

民國拓本　1張　44 cm×44 cm

隸書

鈐印： 倉氏金石文字

倉永齡題簽： 辛酉冬得

PT/582 宋永貴墓誌 佚名撰

隋大業十二年（616）十一月二十一日葬　陝西省西安市出土

清末民國拓本　1張　56 cm×57 cm

正書

首題：隋故左禦衛府長史通議大夫宋君墓誌銘

鈐印：澹盦所藏金石、倉永齡印

PT/587　劉粲墓誌　佚名撰

唐貞觀元年（627）七月二十二日葬　河南省洛陽市出土

清末民國拓本　1張　47 cm×47 cm

隸書

首題：大唐吴國公府記室參軍故劉君墓之銘并序

鈐印：澹盦

PT/584　靈琛塔銘　佚名撰

唐貞觀三年（629）四月十五日造　河南省安陽市

清末民國拓本　1張　33 cm×89 cm，45 cm×6 cm（右），51 cm×6 cm（左）

正書

首題：慈潤寺故大靈琛禪師灰身塔銘文

側題：故大靈琛禪師灰身塔

鈐印：澹盦金石

倉永齡題簽：己未

PT/585　譚伍墓誌　佚名撰

唐貞觀三年（629）六月二十五日葬　河南省洛陽市出土

清末民國拓本　1張　38 cm×38 cm

隸書

鈐印：澹盦金石

PT/586　劉節墓誌　佚名撰

唐貞觀五年（631）七月十五日葬　河南省洛陽市出土

民國拓本　1張　43 cm×43 cm

隸書

首題：大唐故開府儀同三司劉君墓誌銘

倉永齡題簽：癸亥十二月得

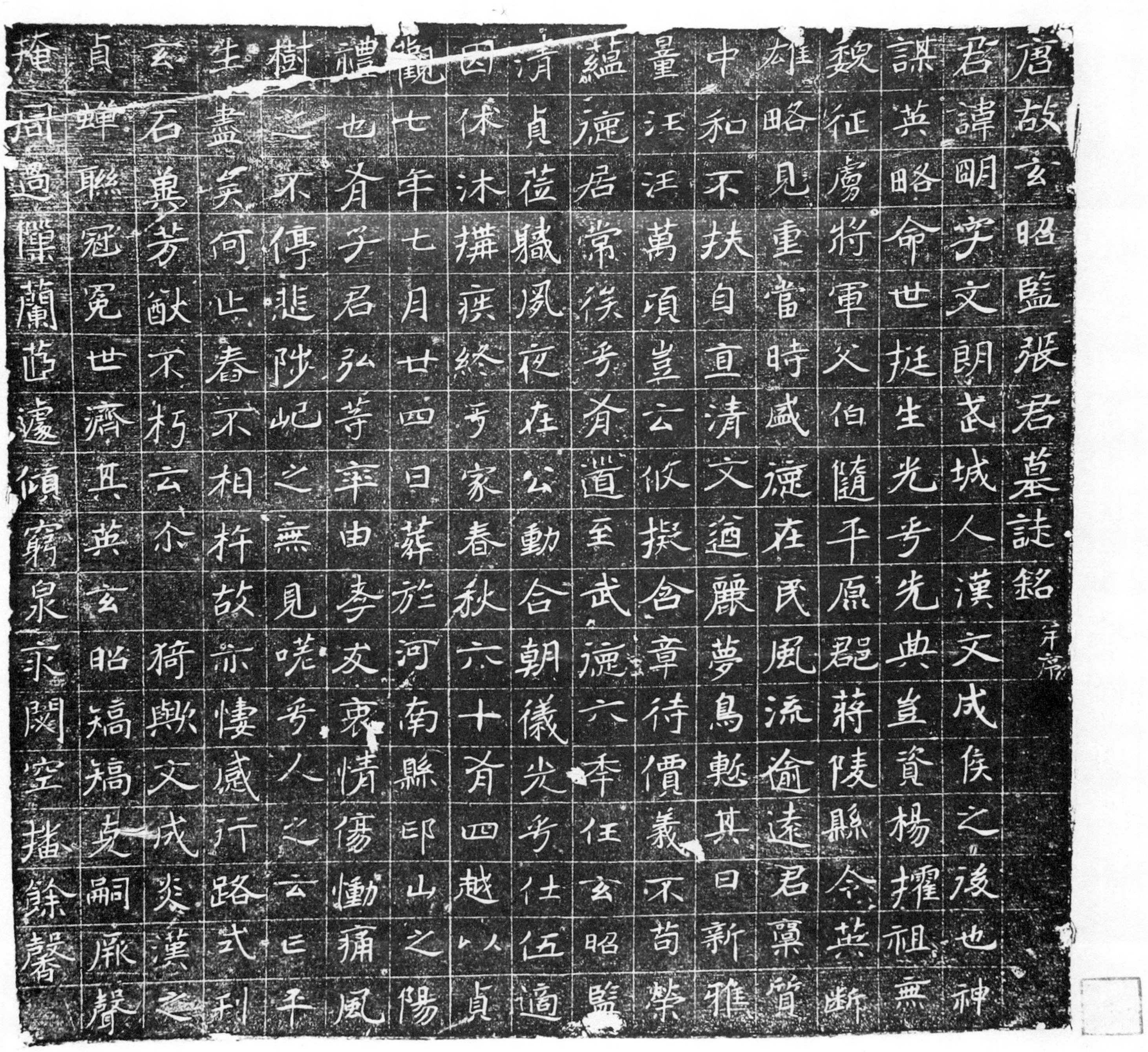

PT/733　張明墓誌　佚名撰

唐貞觀七年（633）七月二十四日葬　河南省洛陽市出土

清末民國拓本　1張　43 cm×43 cm

正書

首題： 唐故玄昭監張君墓誌銘并序

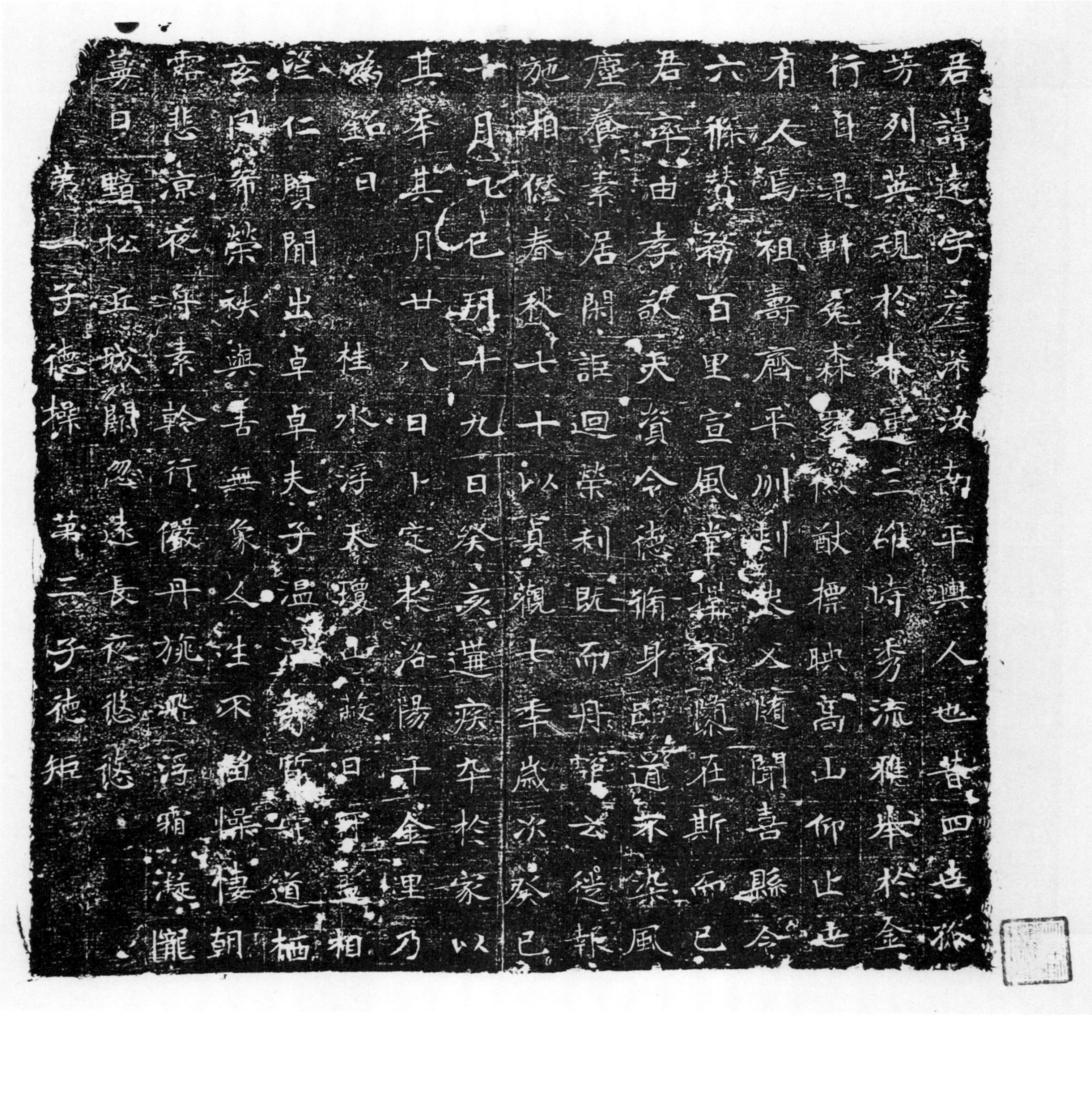

PT/734　［韓］遠墓誌　佚名撰

唐貞觀七年（633）十月二十八日葬　河南省洛陽市出土

清末民國拓本　1 張　34 cm × 34 cm

正書

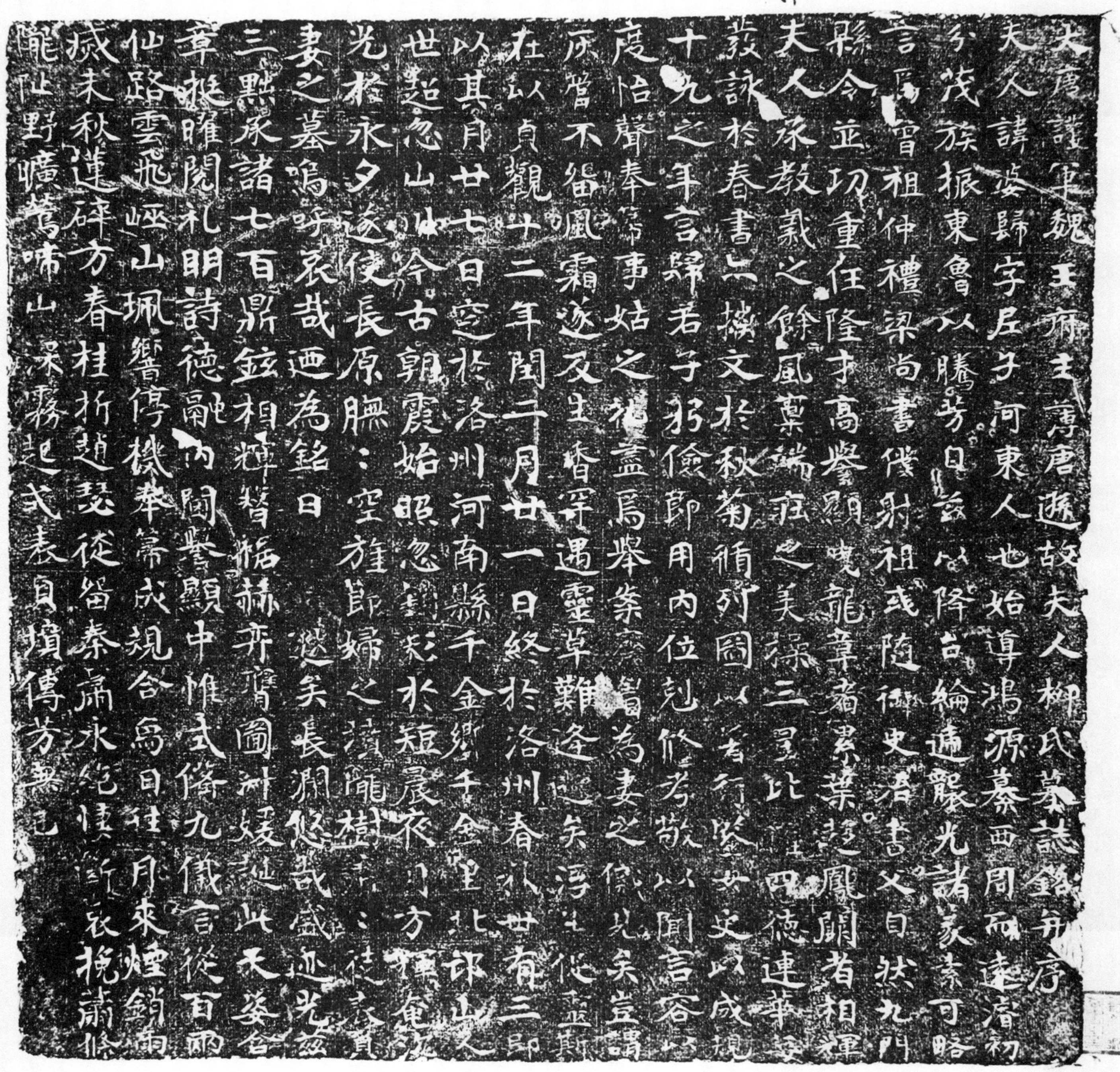

PT/735　唐遜妻柳婆歸墓誌　佚名撰

唐貞觀十二年（638）閏二月二十七日葬　河南省洛陽市出土

清末民國拓本　1張　40 cm×40 cm

正書

首題： 大唐護軍魏王府主簿唐遜故夫人柳氏墓誌銘并序

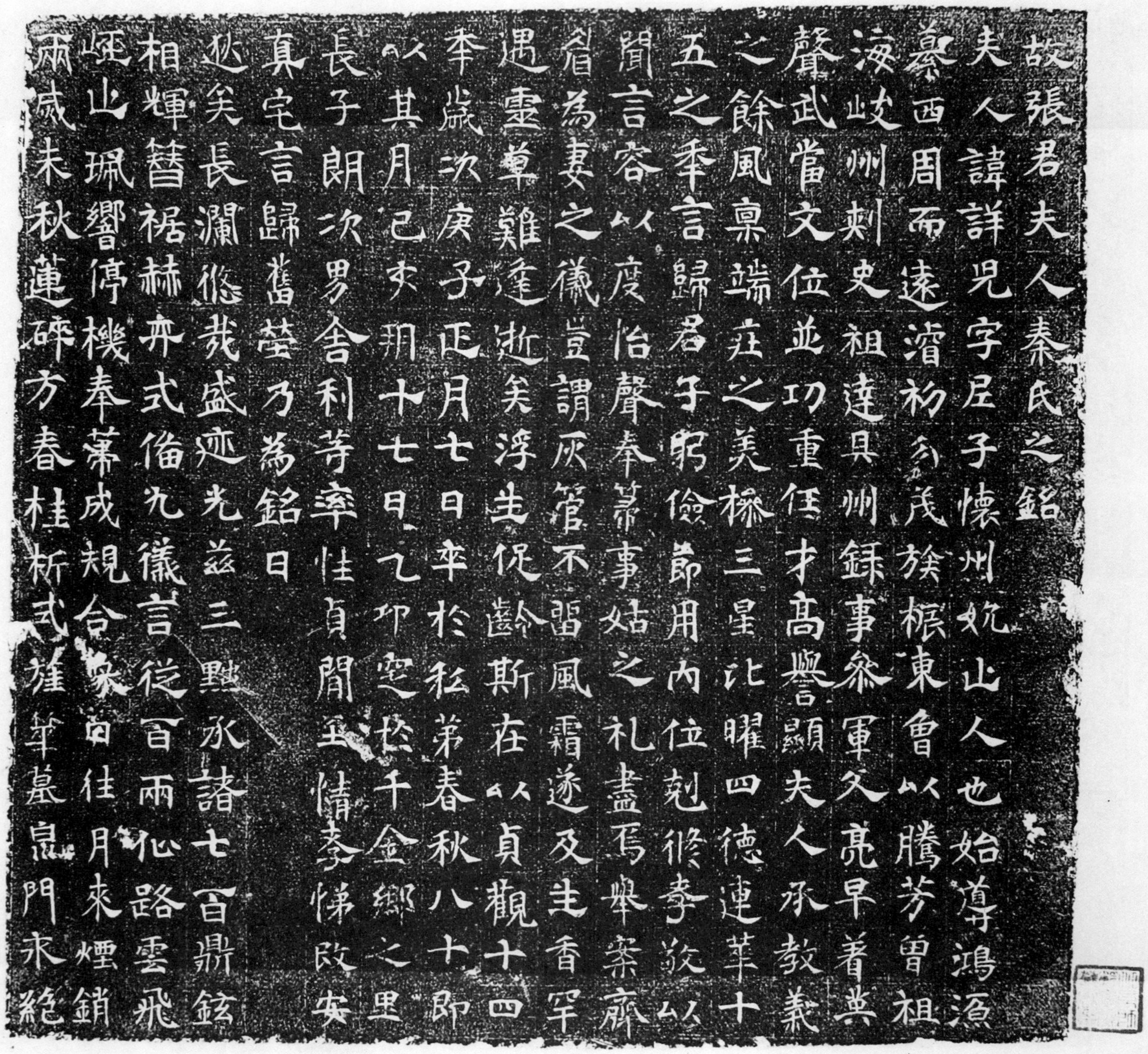

PT/736　張君妻秦詳兒墓誌　佚名撰

唐貞觀十四年（640）正月十七日葬　河南省洛陽市出土

清末民國拓本　1張　39 cm×38 cm

正書

首題： 故張君夫人秦氏之銘

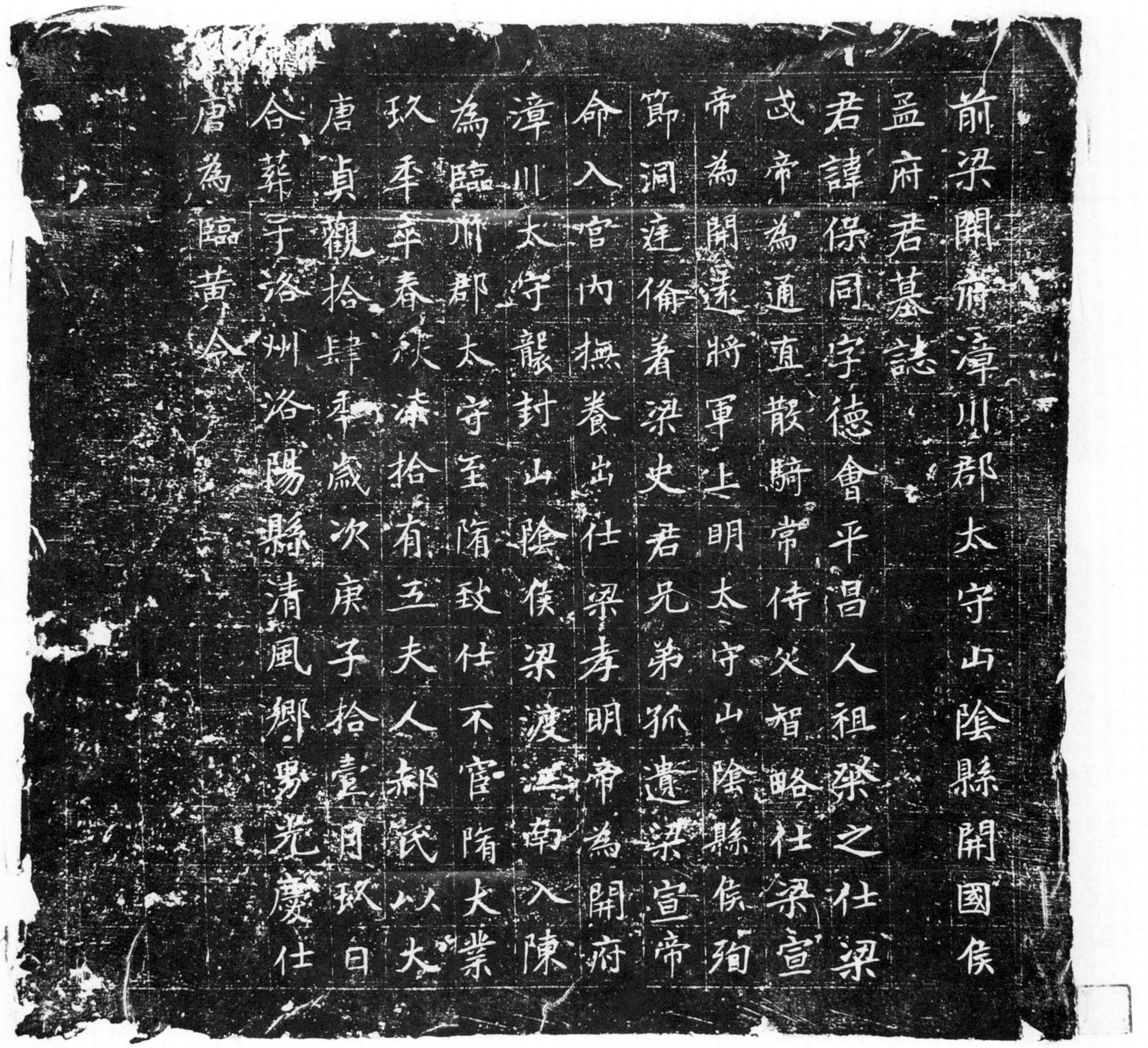
前梁開府漳川郡太守山陰縣開國侯
孟府君墓誌
君諱保同字德會平昌人祖梁之仕梁
武帝為通直散騎常侍父智略仕梁宣
帝為開遠將軍上明太守山陰縣侯殉
節洞達倫着梁史君兄弟孤遺梁宣帝
命入官內撫養出仕梁孝明帝為開府
漳川太守襲封山陰侯梁渡江南入陳
為臨川郡太守至隋致仕不宦隋大業
玖年卒春秋柒拾有五夫人郝氏以大
唐貞觀拾肆年歲次庚子拾壹月玖日
合葬于洛州洛陽縣清風鄉男光慶仕
唐為臨黃令

PT/737　孟保同墓誌　佚名撰

唐貞觀十四年（640）十一月九日葬　河南省洛陽市出土

民國拓本　1張　48 cm×48 cm

正書

首題：前梁開府漳川郡太守山陰縣開國侯孟府君墓誌

倉永齡題簽：癸亥十二月得

PT/738　薄氏墓誌并蓋　佚名撰

唐貞觀十五年（641）五月二十五日葬　河南省洛陽市出土

清末民國拓本　2張　46 cm×45 cm，32 cm×32 cm（蓋）

正書，蓋篆書

蓋題：薄夫人銘
鈐印：倉氏金石文字

夫人薄氏鴈門代人也漢文帝太皇后之苗裔祖德讓以行著鄉閭名聞朝野藝文冠世遐迩具瞻父元禮弱齡聰敏宏贍洽聞孝敬盡於事親誠信篤於交友蟬聯纓冕詳諸簡牘者矣夫人婉順天然淳和約己女史仰以為試婦道章乎母儀脩五禮以居正履四德安容恭敬沉於舅姑貞操溢於於閨閫廣潔鎮乎厥志婉娩不生於心性若松筠倫而專壹何其逝水不留電光奄謝上天不弔殲此良人粤以貞觀十五年五月七日寢疾薨於洛陽縣嘉善里私第春秋六十有二即以其月廿五日葬於邙山禮也有子知藥知藏陟彼屺而懷歎顧風樹以長號哀結雲酸感行路豈直舂者不相里巷以之不歌悲恩育之永離痛陵谷之遷易勒銘旌善其詞曰

有令問如珪如璋鵲巢之化淑慎惟良飛名帝紀沉跡未央其一厥有緒餘遠承嘉祉風流冠世名播遐邇人倫是欽文支標美信誠斯著孝敬攸履其二載誕淑媛貞潔溫柔女箴為試母儀聿脩享年不永奄從電流泉扃一閉去矣千秋其三

PT/741　杜榮墓誌　佚名撰

唐貞觀十五年（641）十二月十五日葬　河南省洛陽市出土

清末民國拓本　1張　47 cm×47 cm

正書

首題： 大唐故蘇州吴縣丞杜府君墓誌

PT/742　劉粲墓誌　佚名撰

唐貞觀十六年（642）六月二十五日葬　河南省洛陽市出土

清末民國拓本　1張　50 cm×50 cm

正書

首題：大唐故劉府君墓誌銘并序

倉永齡題簽：癸亥十二月得

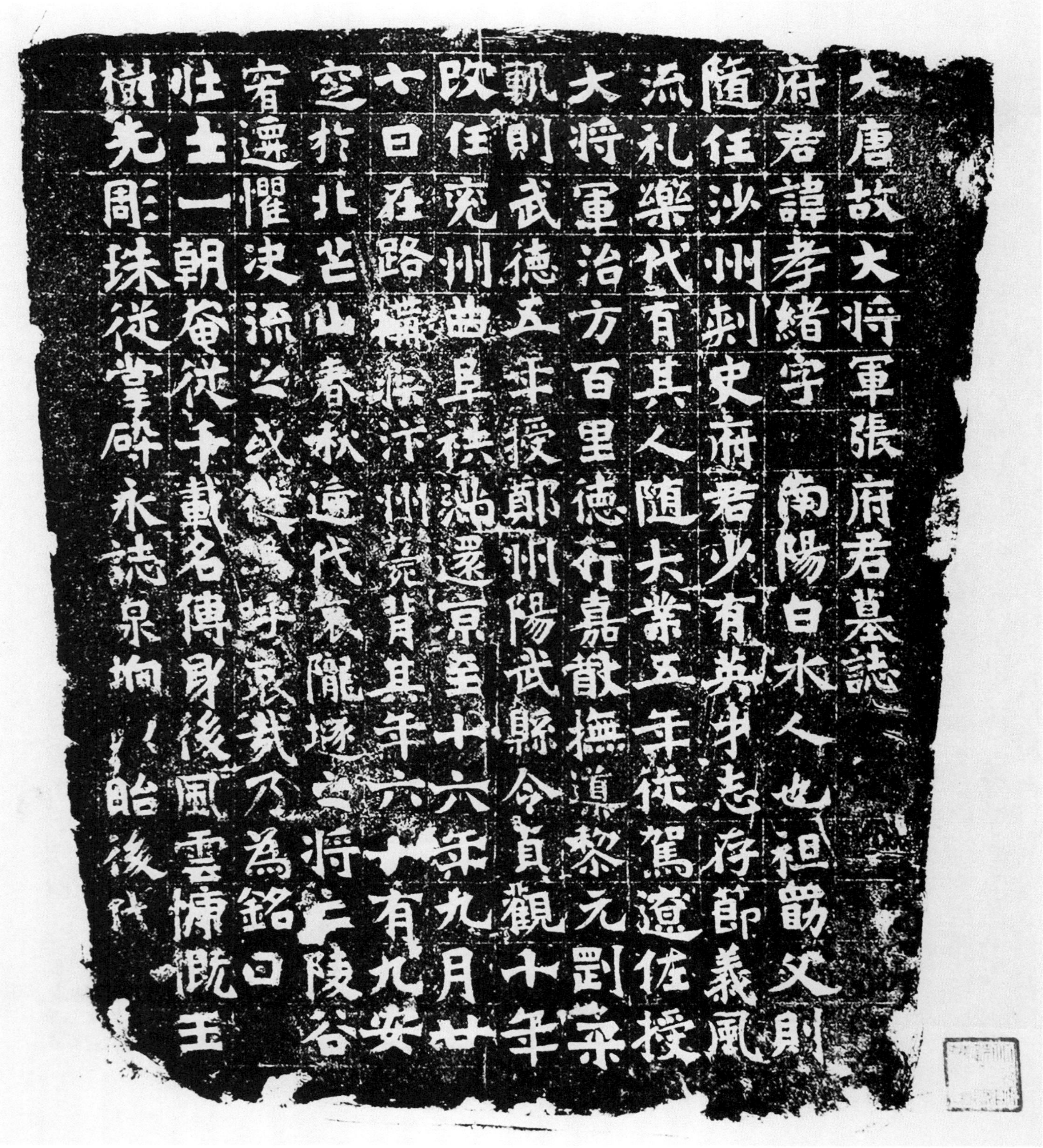

大唐故大將軍張府君墓誌
府君諱孝緒字　南陽白水人也祖勖父則
隨任沙州刺史府君少有英才志存節義風
流礼樂代有其人隨大業五年從駕遼左授
大將軍治方百里德行嘉猷撫導黎元罰罪
執則武德五年授鄭州陽武縣令貞觀十年
改任兖州曲阜祛滿還京至十六年九月廿
七日在路構疾汴州薨背其年六十有九安
窆於北芒山春秋遞代哀隴塚之將〻陵谷
窅遷懼泱流之[illegible][illegible]呼哀哉乃為銘曰
壯士一朝奄從千載名傳身後風雲慷慨王
樹先彫珠從掌碎永誌泉扃以貽後代

PT/743　張孝緒墓誌　佚名撰

唐貞觀十六年（642）九月二十七日葬　河南省洛陽市出土

清末民國拓本　1張　38 cm×32 cm

正書

首題： 大唐故大將軍張府君墓誌

PT/744　張鍾葵墓誌　佚名撰

唐貞觀十八年（644）十月九日葬　河南省洛陽市出土

清末民國拓本　1張　48 cm×48 cm

正書

倉永齡題簽：不知所在，癸亥得於津沽

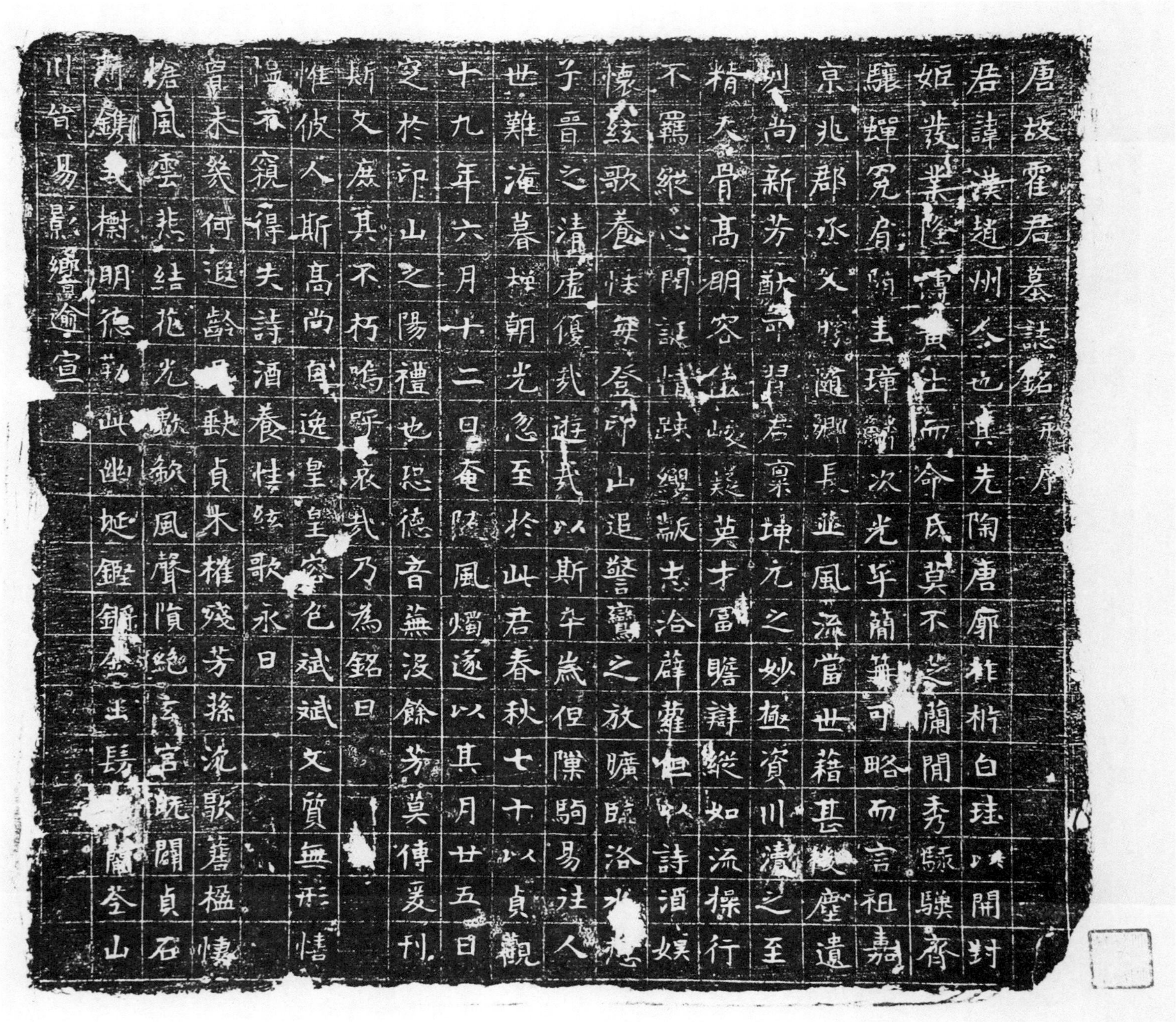

PT/745　霍漢墓誌　佚名撰

唐貞觀十九年（645）六月二十五日葬　河南省洛陽市出土

清末民國拓本　1張　40 cm×42 cm

正書

首題：唐故霍君墓誌銘并序

PT/746　張君妻齊氏墓誌并蓋　佚名撰

唐貞觀二十年（646）五月十一日葬　河南省洛陽市出土

清末民國拓本　2張　51 cm×51 cm, 37 cm×37 cm（蓋）

正書，蓋篆書

蓋題：齊夫人銘
首題：唐故洛州河南縣崇政鄉君齊夫人墓誌銘并序
鈐印：倉氏金石文字

唐故洛州河南縣崇政鄉君齊夫人墓誌銘并序
夫人齊氏東海上人也其先姜姓周有大勳受封
於齊因國命氏異人間出冠服相暉光乎國經可
得而言矣祖詮齊任岐州諸軍事岐州刺史父諱
悔隨任相州安陽令莫不行稱人範才挺時英搢
紳軌其風儀編戶悅其仁愛嘉猷令望寔非在斯
夫人秀出天然幽閑自得六功惟妙四德窮微逮
乎初笄言歸張氏母儀必達朝事無違而張氏早
亡誓心自守屬聖朝崇年尚德板授崇政鄉君
忽遘沈痾不享遐壽[illegible][illegible]春秋[illegible][illegible]有六以貞觀
廿年四月廿九日奄[illegible]朝露即以其年五月十一日
窆於邙山之陽禮也恐陵谷遷貿蕪沒德音爰礼
斯文以爲不朽嗚呼哀哉乃爲銘曰
邈彼洪源遐哉茂袞珪組覽暉搢紳相繼載[illegible]蘭
儀仍樹淑麗曾[illegible]何幾忽而潛翳
隨珠隱曜郢璧韜暉蘭同青蘽樹歌芳菲悲坐
胞痛結風悲悽涼[illegible]帳歔欷遺衣
結幃虛設明鏡空懸長辭皎日永赴幽泉玄宮
閟貞石斯鐫山川貿易蘭[illegible][illegible]宣

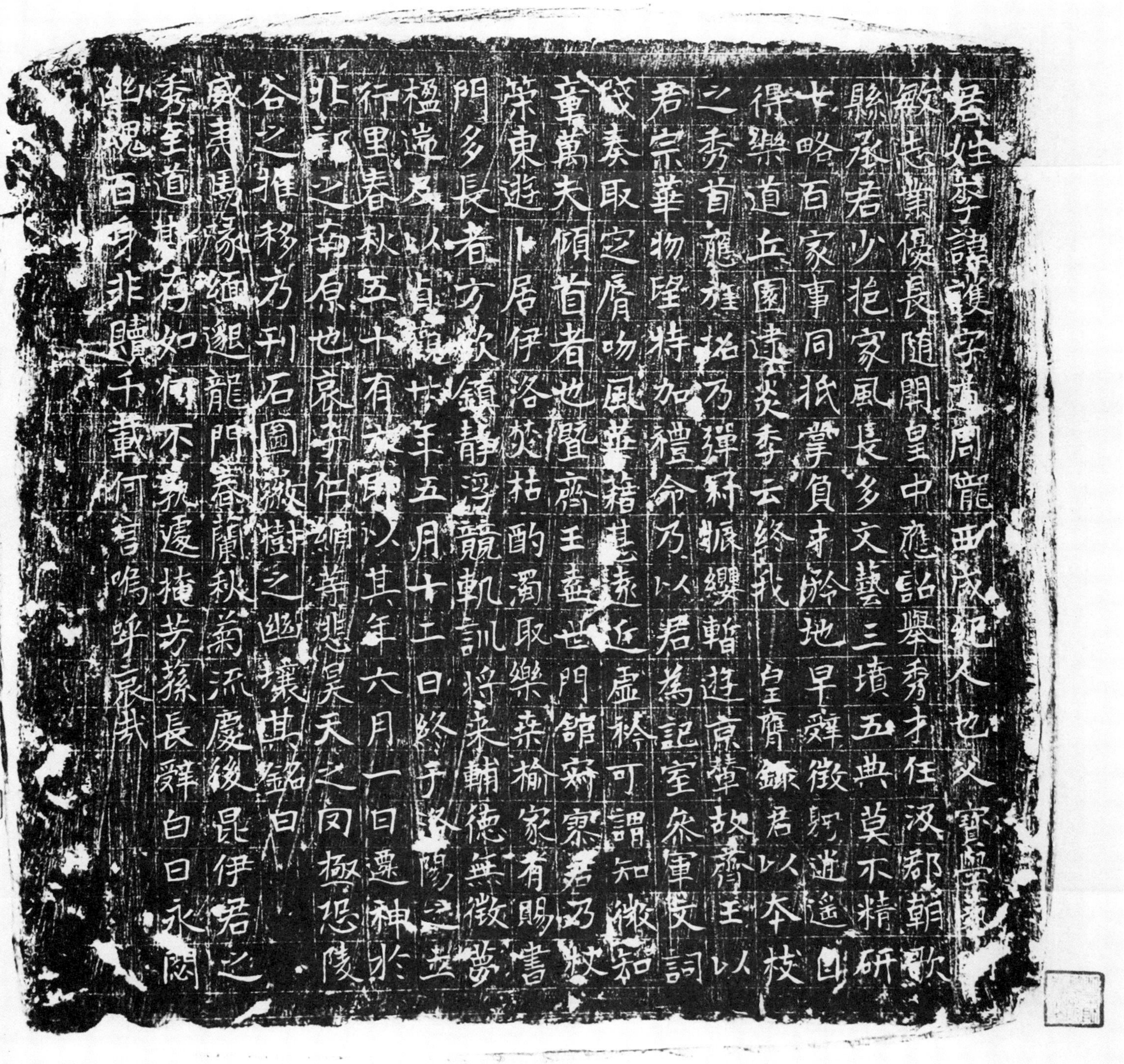

PT/748　李護墓誌　佚名撰

唐貞觀二十年（646）六月一日葬　河南省洛陽市出土

清末民國拓本　1張　43 cm×43 cm

正書

鈐印： 倉氏金石文字

PT/749　傅叔墓誌　佚名撰

唐貞觀二十年（646）十月十四日葬　河南省洛陽市出土

清末民國拓本　1張　55 cm×54 cm

正書

首題： 隋處士傅君誌銘

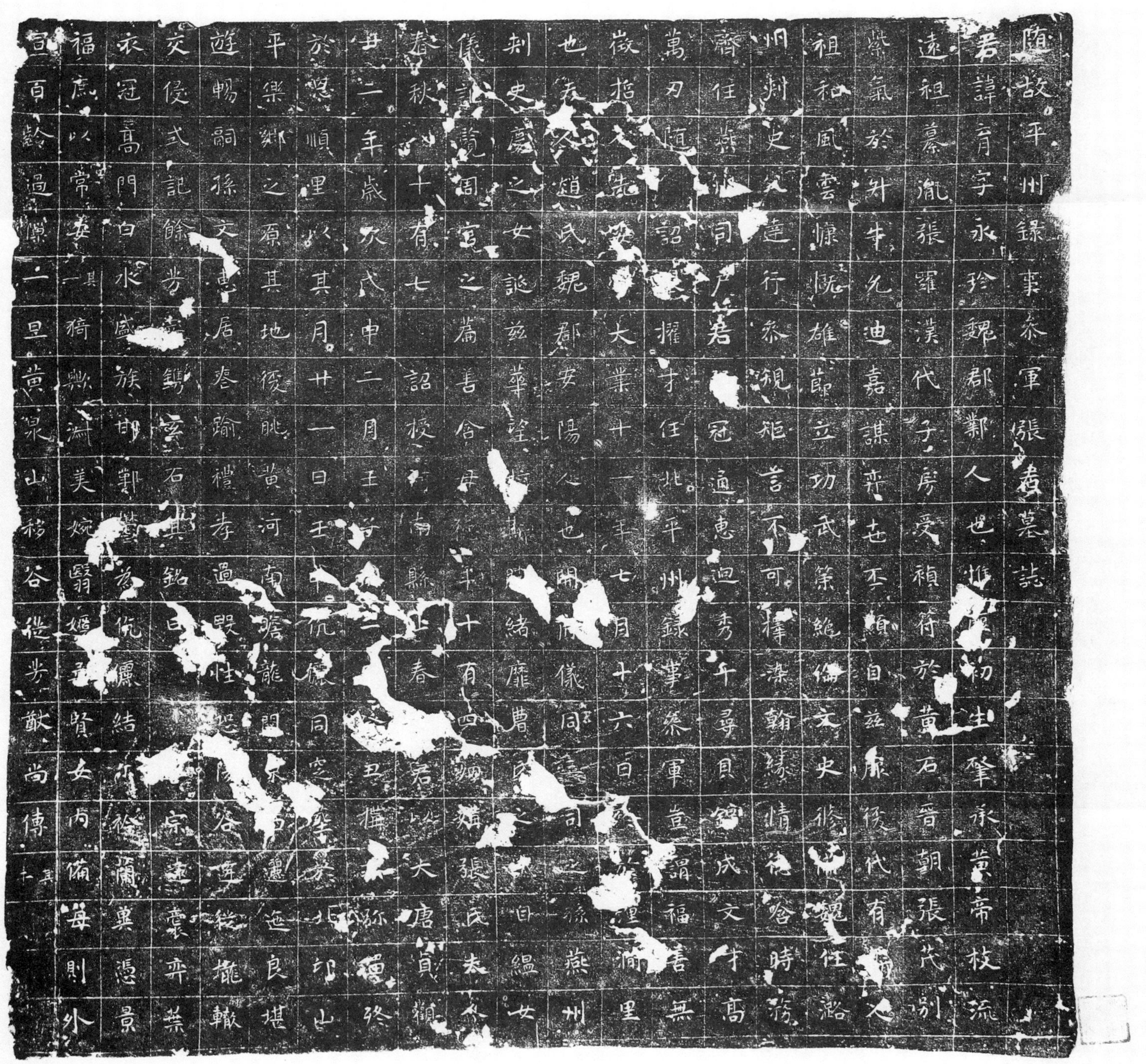

PT/750　張育墓誌　佚名撰

唐貞觀二十二年（648）二月二十一日葬　河南省洛陽市出土

清末民國拓本　1張　54 cm×54 cm

正書

首題：隋故平州録事參軍張君墓誌

倉永齡題簽：癸亥十二月得

ST/751　文安縣主墓誌　佚名撰

唐貞觀二十二年（648）三月二十［二］日葬　陝西省咸陽市禮泉縣出土

清拓本　1張　64 cm×64 cm

正書

首題：大唐故文安縣主墓誌銘并序

鈐印：邗江高氏暫守、澹盦

倉永齡題簽：文字未泐本殊不多見，甲子秋得於都門；石在蘇州

PT/752　張行滿墓誌　佚名撰

唐貞觀二十二年（648）四月二十三日葬　河南省洛陽市出土

清末民國拓本　1張　49 cm×50 cm

正書

倉永齡題簽： 癸亥冬得

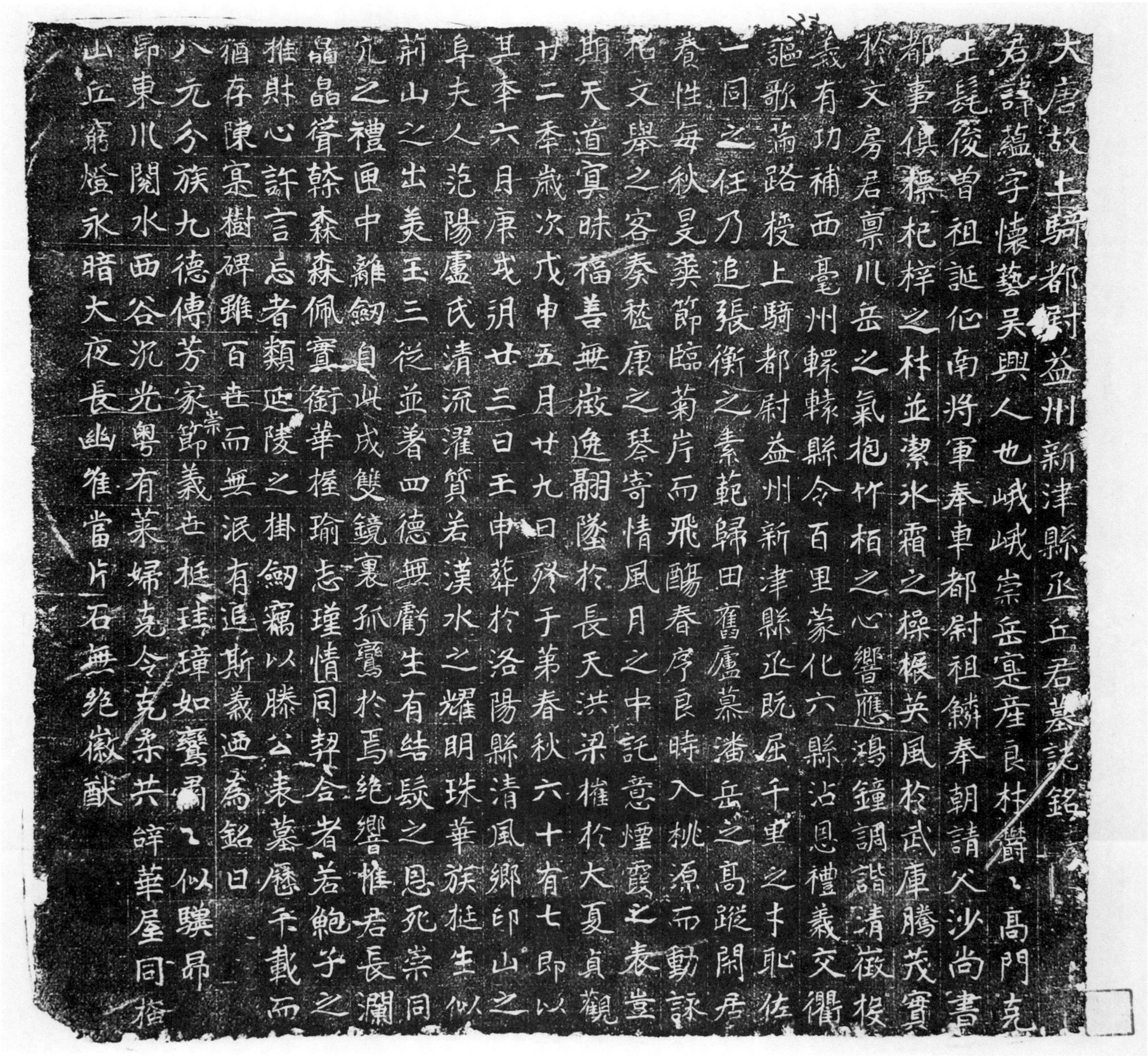

PT/753 丘蘊墓誌 佚名撰

唐貞觀二十二年（648）六月二十三日葬　河南省洛陽市出土

清末民國拓本　1張　53 cm×53 cm

正書

首題： 大唐故上騎都尉益州新津縣丞丘君墓誌銘并序

PT/754　張通墓誌　佚名撰

唐貞觀二十二年（648）七月二十七日葬　河南省洛陽市出土

清末民國拓本　1張　47 cm×47 cm

正書

首題：大唐張君墓誌
鈐印：倉氏金石文字

大唐楊君墓誌并序
君諱昭字宣政洛陽人也其先漢太尉震之後公分華閭
莞耀秀瓊荷影百代而孫昌經千載其何替自三川不覧
斯命將遷支庶優夷泒流諸夏式簪纓朱紱弈葉相承冠
冕蟬聯迄今不絕祖敬齊盧氏令父林隨宗衛大都督並
著名當世學綜古今文擅詞林談光辯囿君少而清警馳
聲宛洛年在齠齔譽望惟光慶九皐而清聞居十步而家
贊隨任散官外郎君丘園養望取樂陶如大唐受命授簡
不遺草為時須自隱無術梁公以朝華國望初建府僚惟
良之選妙盡時彥乃受君登仕郎兼府長史密勿心事情
素無遺外如僚屬內實師友方欲薦之宰府延譽王庭飛
文染翰冠諸朝烈天命不永人世忽諸以貞觀廿三年二
月十五日終於思恭之里春秋七十有七卽以其年三月
十七日葬于北邙平樂之南原髙墳孤峙臨帶山河拱木
森疎縈霑雲露長子挺哀昊天之莫報痛長夜之不追泣
血毀旬絕漿七日將恐陵谷遷改舟壑推遷乃追錄芳猷
樹之幽壤其銘曰
代襲蘭蓀世茂芳烈寔惟神降邦家傑雄氣邁倫英風
孤絕朱驂方駕高門載誕人世飄忽日月無常存同夕
露逝若朝霜金石易朽舟壑難藏一辭昭世永促幽裴
風悽隴樹露掩塋楸哀禽切響巖雲送愁佳城鬱鬱長夜
悠悠

PT/755　楊昭墓誌　佚名撰

唐貞觀二十三年（649）三月十七日葬　河南省洛陽市出土

清末民國拓本　1張　43 cm×43 cm

正書

首題：大唐楊君墓誌并序

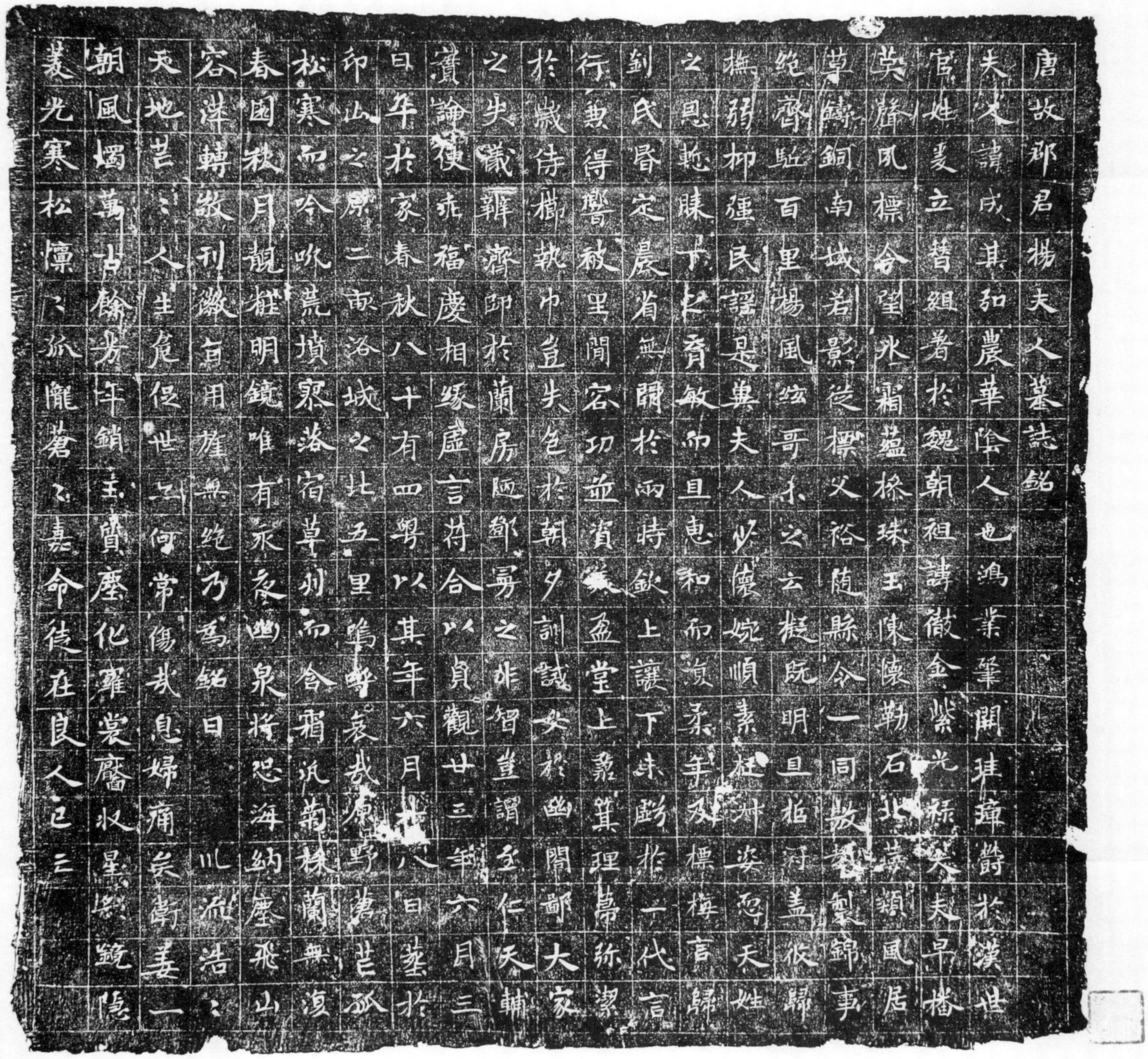
唐故郡君楊夫人墓誌銘
夫人諱成其弘農華陰人也鴻業肇開建旟爵於漢世
宦姓爰立替組著於魏朝祖諱徹金紫光祿大夫早播
英聲風標令望冰霜藴於珠玉陳懷勒石北芬類風居
草鑄銅南城若影從標父裕隨縣令一同敷製錦事
絶齊驅百里楊風絃哥之云擬既明且哲河蓋依歸
撫弱柳彊民謡是異夫人必懷婉順素秉沖姿恩天姓
之恩聽睐下以齊敏而且惠和而貞柔年及摽梅言歸
劉氏昏定晨省無闕於兩時斂上讓下未虧於一代言
行無得譽被里閭容功並資[illegible]盈堂上蠶箕理幕絺潔
於歲侍櫛執巾豈失色於朝夕訓誡女於幽閒鄗大家
之史識雖濟郎於蘭房恆鄣爲之非智豈謂至仁天輔
賓論使疵福慶相緣虛言莫合以貞觀廿三年六月三
日年於家春秋八十有四粤以其年六月廿八日塟於
邙山之原二畝洛城之北五里嗚呼哀哉原野凄芒孤
松寒而吟吹荒墳衆落宿草刜而含霜汎菊棘蘭無復
春園秋月觀粧明鏡唯有永夜幽泉將恐海納塵飛山
容洋轉敬刊徽音用旌無絶乃爲銘曰川流浩浩
天地茫茫人生危促世上何常傷哉息婦痛矣鄰妻一
朝風燭萬古餘芳年銷玉質塵化羅裳奩收星鏡隱
羮光寒松凛凛孤隴蒼蒼嘉命徒在良人已亡

PT/756　劉君妻楊成其墓誌　佚名撰

唐貞觀二十三年（649）六月十八日葬　河南省洛陽市出土

清末民國拓本　1張　48 cm×48 cm

正書

首題：唐故郡君楊夫人墓誌銘

PT/757　王文驚妻趙氏墓誌　佚名撰

唐貞觀二十三年（649）九月四日葬　河南省洛陽市出土

民國拓本　1張　44 cm×44 cm

正書

首題：大唐集州録事參軍王文驚夫人趙氏墓誌銘

倉永齡題簽：癸亥十二月得

PT/758　徐純墓誌　佚名撰

唐貞觀二十三年（649）十一月十六日葬　河南省洛陽市出土

清末民國拓本　1張　53 cm×53 cm

正書

首題： 隋故儀同三司兗州長史徐府君墓誌并序

鈐印： 澹龕金石

倉永齡題簽： 誌内年號敲破，惟“貞觀”二字尚可辨識。石藏建德周家，字極精湛，亦自可貴。澹龕識

PT/759　趙安墓誌　佚名撰

唐永徽三年（652）十月十三日葬　河南省洛陽市出土

清末民國拓本　1張　61 cm×61 cm

正書

首題：大唐故金紫光禄大夫右屯衛司騎趙君墓誌銘并序

PT/761　程寶安墓誌　佚名撰

唐永徽四年（653）正月十五日葬　河南省洛陽市出土

清末民國拓本　1張　26 cm×26 cm

正書

鈐印：澹盦

PT/760 劉裕墓誌 佚名撰

唐永徽四年（653）二月二十日葬　河南省洛陽市出土

清末民國拓本　1張　46 cm×46 cm

正書

首題： 唐故將仕郎劉君墓誌銘

倉永齡題簽： 癸亥十二月得

PT/764　梁有意墓誌　佚名撰

唐永徽四年（653）二月二十七日葬　河南省洛陽市出土

清末民國拓本　1張　44 cm×44 cm

正書

首題： 唐故黃崗縣令梁君墓誌銘并序

鈐印： 澹盦

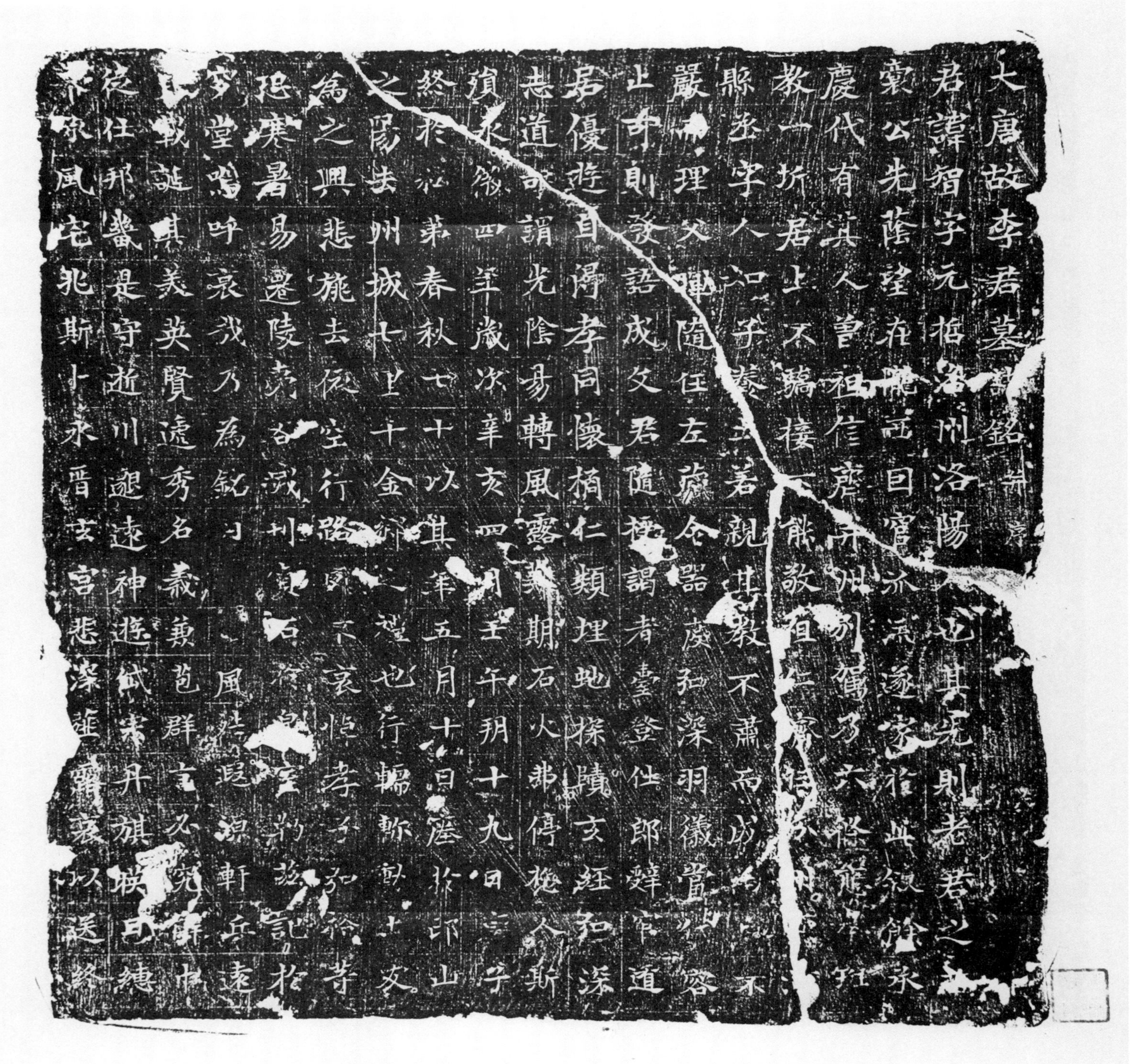

PT/762 李智墓誌 佚名撰

唐永徽四年（653）五月十日葬 河南省洛陽市出土

清末民國拓本 1張 44 cm×44 cm

正書

首題： 大唐故李君墓誌銘并序

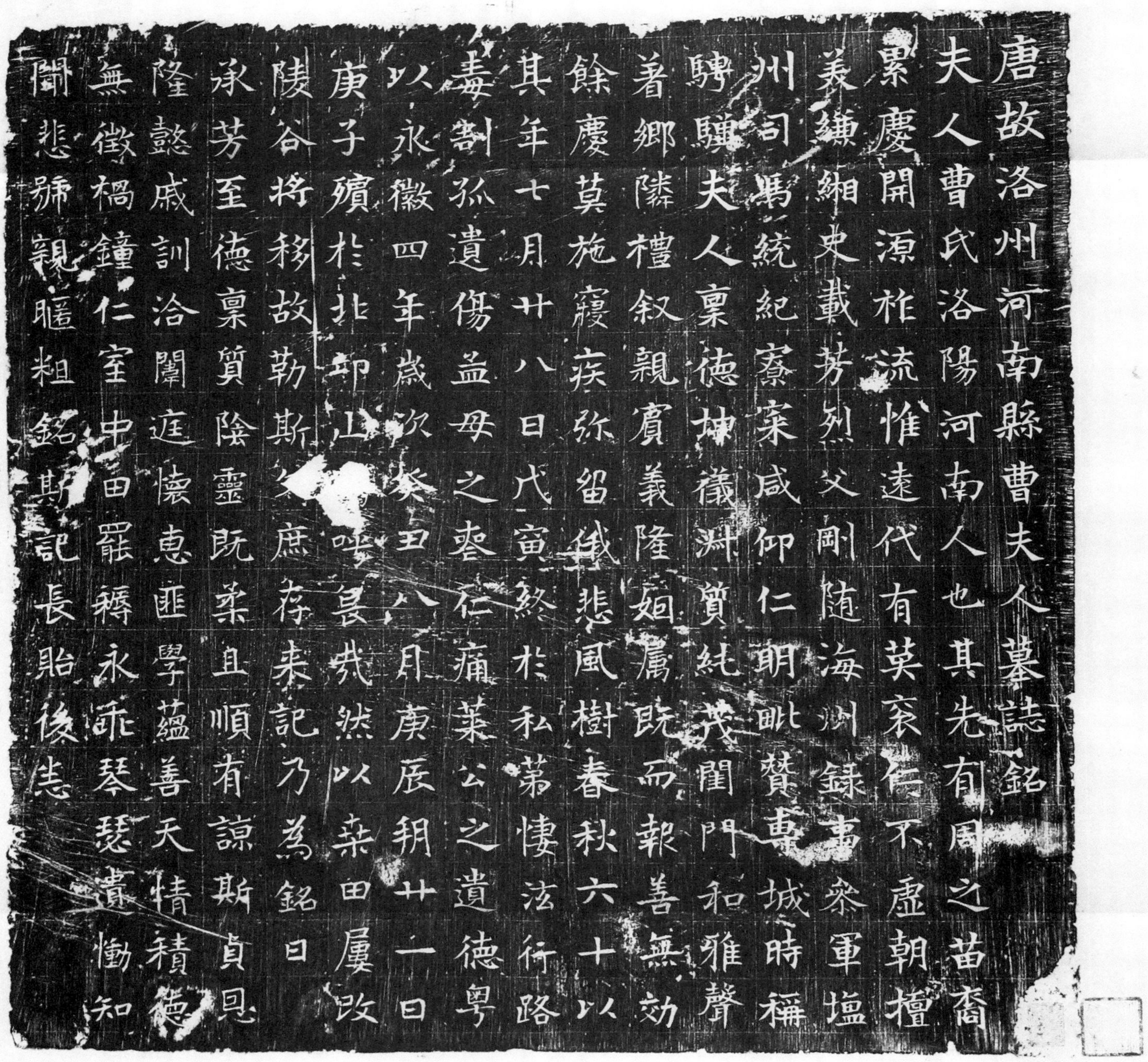

PT/763　曹氏墓誌　佚名撰

唐永徽四年（653）八月二十一日葬　河南省洛陽市出土

清末民國拓本　1張　44 cm×44 cm

正書

首題： 唐故洛州河南縣曹夫人墓誌銘

鈐印： 澹盦

PT/765　趙嘉及妻郭氏合葬墓誌　佚名撰

唐永徽五年（654）二月二十一日葬　河南省洛陽市出土

清末民國拓本　1張　48 cm×48 cm

正書

首題： 大唐故處士趙君夫人郭氏之□□□序

倉永齡題簽： 癸亥十二月得

PT/766　王才墓誌　佚名撰

唐永徽五年（654）三月二十四日葬　河南省洛陽市出土

清末民國拓本　1張　45 cm×47 cm

正書

首題： 唐故王君墓誌銘

PT/767 苻肅墓誌并蓋 佚名撰

唐永徽五年（654）閏五月二十八日葬 河南省洛陽市出土

清末民國拓本 2張 52 cm×52 cm，41 cm×39 cm（蓋）

正書，蓋篆書

蓋題：苻君墓銘

首題：唐故苻君墓誌銘

鈐印：倉永齡印

倉永齡題簽：澹堪藏石

唐故苻君墓誌銘

君諱肅，字孝威，河南河南人也。扈啓藩分，土玄珪之始；草
付斯氏，誅茅典午之時。於是族茂綿邈，委九河而波振；鴻基
峻邈，架二華而千霄。設使趙國懷璧，晉朝致亡，光昭曩葉，
譽後昆，賢能由此克生，鍾鼎於斯不墜。祖元，北齊龍亢縣令。
父達，隨鄴縣丞，並冰鏡凝清，蘭蓀絢藻，資忠徇勣，光武城之
紱歌，踵接揚蕤，贊西門而變俗。君珪璋挺質，表異弄璋之年；
松〼踈神，昭貞馭竹之歲。既而仁孝斯立，學業已優，內闡花
萼之親，外無葭莩之戚，所以息心干祿，詠南陔以固懷，志不
求榮，思負米而為樂。於是盡歡朝夕，愛敬同歸，情逸神娛，不
知將老。及再嬰丁罰，知命已過，留心道義之塗，心至家人之
務，退朋月夜，嘯侶花朝，顧榮利於木鳶之間，齊是非於指馬
之內，優哉樂矣，冀遐年也。望子孫名立，堂九月而盈歡，齒跡
朝廷，祿万鍾而餘憘。何其春風尚遠，桃源俄尒涸流；秋夜未
遷，菊浦忽焉搖落。越以永徽五年歲次甲寅閏五月乙亥朔
八日壬午，終於清化里第，春秋六十有八。子尚仁，痛江干遊
逝，瀝膳血以彫篁，仰視机筵，踊陟屺而無見。以其月廿八日
壬寅遷厝於邙山，禮也。去園林之靃靡，陟峭嶺之丘荒，雲霏
霏而轉蓋，風肅肅而鳴璫，魂沉浮於舊宇，神寂滅於玄堂。述
德音於南館，勒貞石於北邙。銘曰：
裂漢抽本，橫天起萼。自彼夏條，著功沙漠。王亮漳濱，金響伊
洛。孝〼閱貞，昭迎郭謂。善輔仁於我無固，桂花風隕。玄堂
啓路，書卷塵飛，琴停月度，松聲颼颸，山庭壇暮。

PT/769 姬推墓誌 佚名撰

唐永徽五年（654）八月十七日葬　河南省洛陽市出土

清末民國拓本　1張　40 cm×40 cm

正書

首題：大唐姬公墓誌并序

PT/770　楊貴墓誌　佚名撰

唐永徽五年（654）九月二十五日葬　河南省洛陽市出土

清末民國拓本　1張　52 cm×52 cm

正書

首題： 唐故楊君墓誌銘并序

PT/771　王寬墓誌　佚名撰

唐永徽六年（655）二月九日葬　河南省洛陽市出土

清末民國拓本　1張　45 cm×45 cm

正書

首題： 唐故王君墓誌銘并序
鈐印： 倉氏金石文字

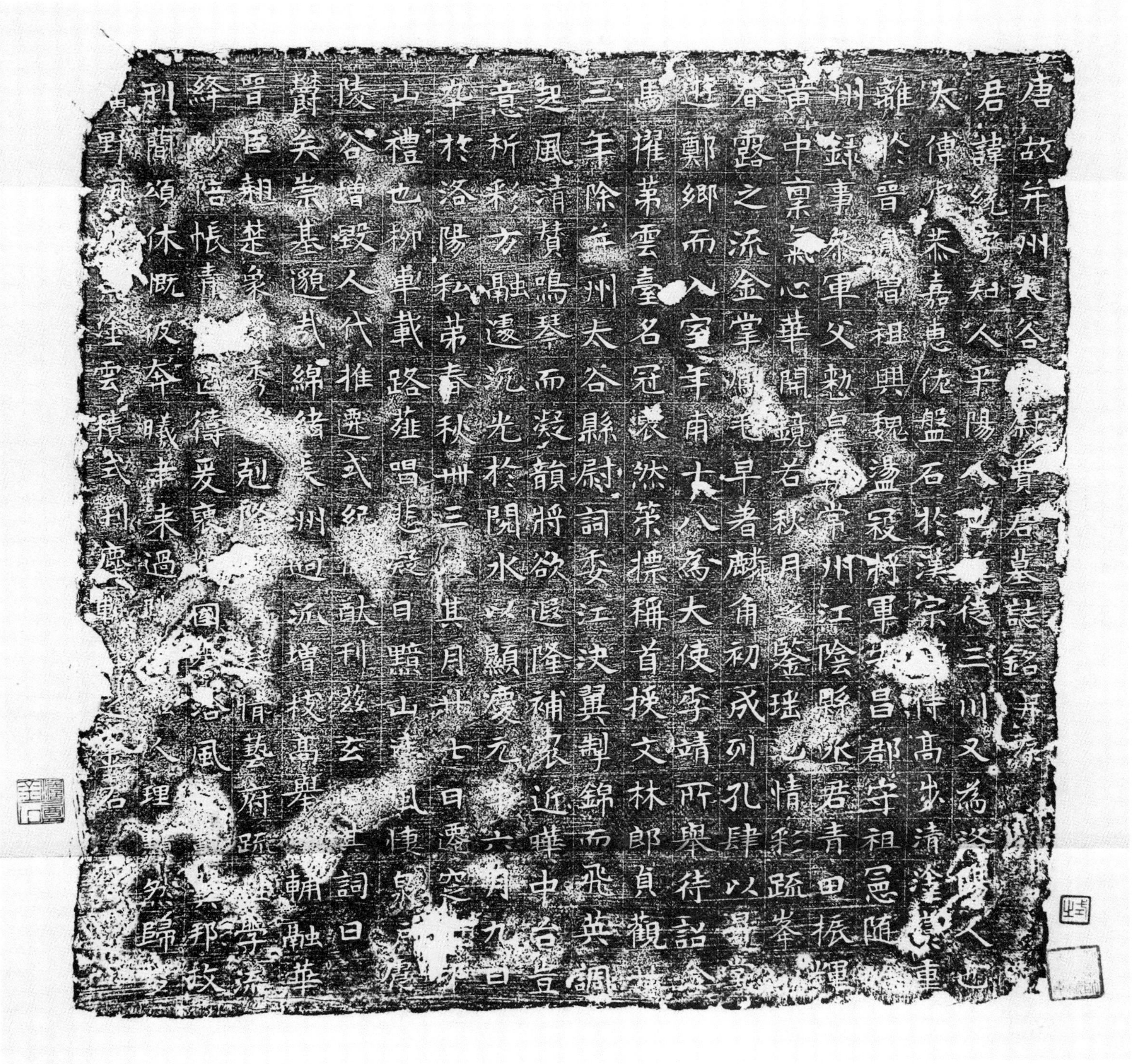

PT/772　賈統墓誌　佚名撰

唐顯慶元年（656）六月二十七日葬　河南省洛陽市出土

清末民國拓本　1張　45 cm×45 cm

正書

首題：唐故并州太谷縣尉賈君墓誌銘并序

鈐印：式之、澹盦金石

PT/773 郭君妻張某墓誌 佚名撰

唐顯慶元年（656）九月二十一日葬 河南省洛陽市出土

清末民國拓本 1張 45 cm×45 cm

正書

首題：大唐郭君夫人張氏墓誌銘并序

鈐印：澹盦金石、倉氏藏石

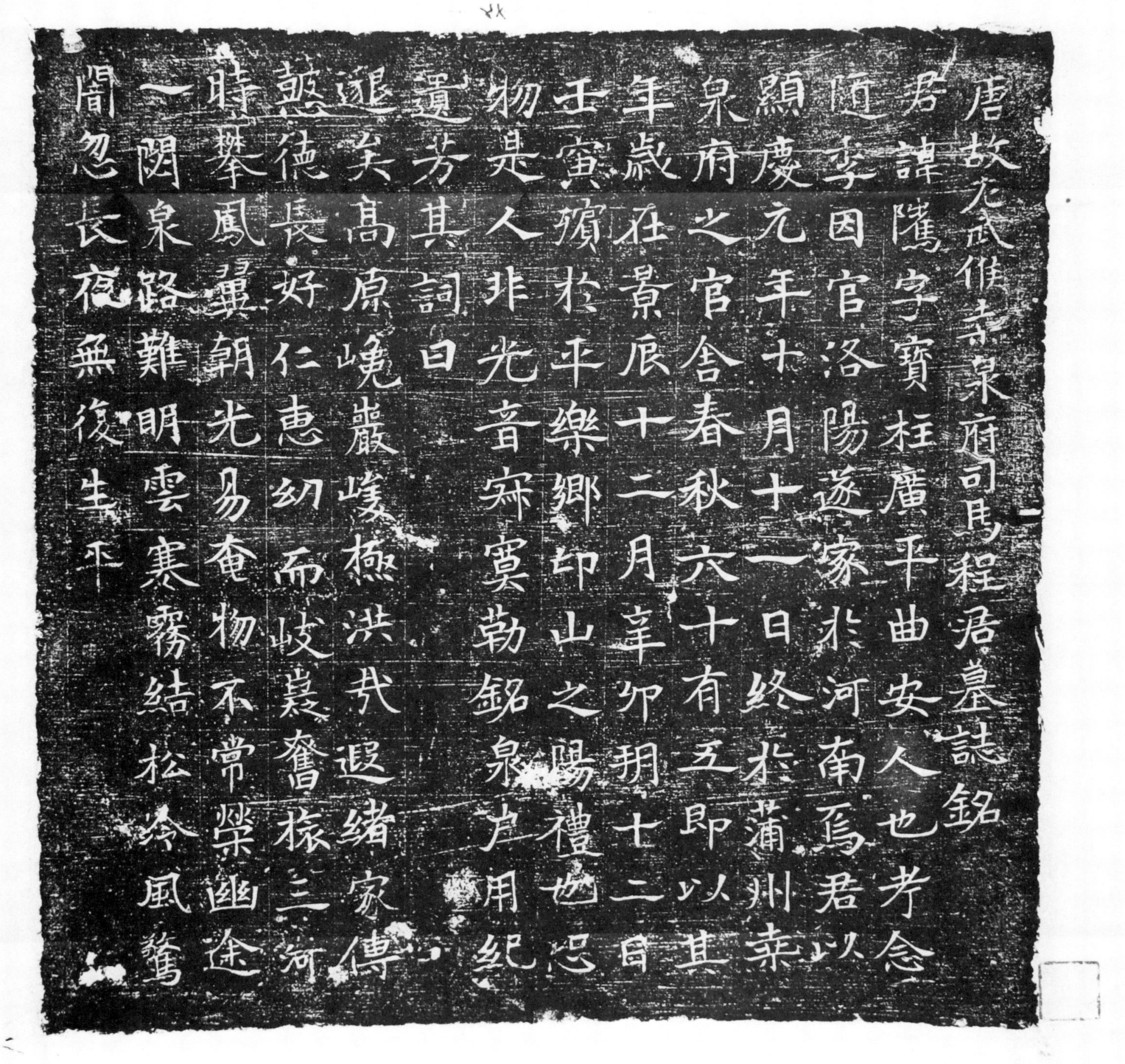

PT/774 程隲墓誌 佚名撰

唐顯慶元年（656）十二月十二日葬　河南省洛陽市出土

清末民國拓本　1張　41 cm×41 cm

正書

首題：唐故左武侯桑泉府司馬程君墓誌銘

PT/775　王段墓誌　佚名撰

唐顯慶二年（657）正月十四日葬　河南省洛陽市出土

清末民國拓本　1張　35 cm×35 cm

正書

首題：唐故王君墓誌

PT/776　段秀墓誌　佚名撰

唐顯慶二年（657）三月二十一日葬　河南省洛陽市出土

清末民國拓本　1張　49 cm×49 cm

正書

首題： 大唐故段君墓誌銘并序

PT/777 李信墓誌 佚名撰

唐顯慶二年（657）十一月六日葬　河南省洛陽市出土

民國拓本　1張　44 cm×44 cm

正書

複本：PT/778

首題： 大唐故李君墓誌銘并序

鈐印： 倉印

PT/779　慕容麗墓誌　佚名撰

唐顯慶三年（658）正月二十三日葬　河南省洛陽市出土

清末民國拓本　1張　44 cm×44 cm

正書

首題： 大唐故慕容夫人墓誌銘

鈐印： 澹盦收藏

倉永齡題簽： 戊午

PT/780　王居士磚塔銘　（唐）上官靈芝撰　（唐）敬客書

唐顯慶三年（658）十月十二日葬　陝西省西安市出土

清末拓本　1張　5 cm×10 cm(右上)，10 cm×10 cm(右中一)，9 cm×13 cm(右中二)，10 cm×15 cm(右下)，20 cm×31 cm(左上)，22 cm×30 cm(左下)

正書

鈐印： 郃陽縣印（滿漢文合璧）、倉氏金石文字、永齡私印

PT/781　霍萬墓誌　佚名撰

唐顯慶三年（658）十二月十三日葬　河南省洛陽市出土

清末民國拓本　1張　38 cm×38 cm

正書

首題： 唐故霍君墓誌銘并序

PT/782　張達妻李氏墓誌　佚名撰

唐顯慶四年（659）二月二日葬　河南省洛陽市出土

清末民國拓本　1張　48 cm×48 cm

正書

首題：大唐故顯慶四年二月二日張達妻李夫人墓誌銘并序

鈐印：澹盦

PT/783　支懷墓誌　佚名撰

唐顯慶四年（659）七月九日葬　河南省洛陽市出土

民國拓本　1張　51 cm×51 cm

正書

首題： 大唐故支君墓誌銘

鈐印： 倉永齡印、滄龕金石

PT/784　豆盧遜墓誌　佚名撰

唐顯慶四年（659）八月二十八日葬　陝西省西安市出土

民國拓本（斷石本）　1張　52 cm×52 cm

正書

首題： 大唐故駙馬都尉衛尉少卿息豆盧君墓誌銘并序

鈐印： 倉永齡印、倉氏金石文字

PT/785　董明墓誌　佚名撰

唐顯慶四年（659）十月二十七日葬　河南省洛陽市出土

清末民國拓本　1張　46 cm×46 cm

正書

首題：大唐故北平縣令董府君墓誌并序

PT/786　皇甫弘敬墓誌　佚名撰

唐顯慶四年（659）十月三十日葬　陝西省西安市出土

清末民國拓本　1張　43 cm×43 cm

正書

首題：唐故吉州廬陵縣丞皇甫君墓誌銘并序

鈐印：倉永齡印、倉氏金石文字

PT/787　蕭君妻柳氏墓誌　佚名撰

唐顯慶五年（660）二月十三日葬　河南省洛陽市出土

清末民國拓本　1張　54 cm×54 cm

正書

首題： 大唐朝散大夫行晋安縣令蕭府君故夫人柳氏墓誌銘并序

鈐印： 澹盦

PT/788 樊寬墓誌 佚名撰

唐顯慶五年（660）二月十三日葬　河南省洛陽市出土

清末民國拓本　1張　45 cm×45 cm

正書

鈐印： 倉氏金石文字

倉永齡題簽： 庚申得於都門

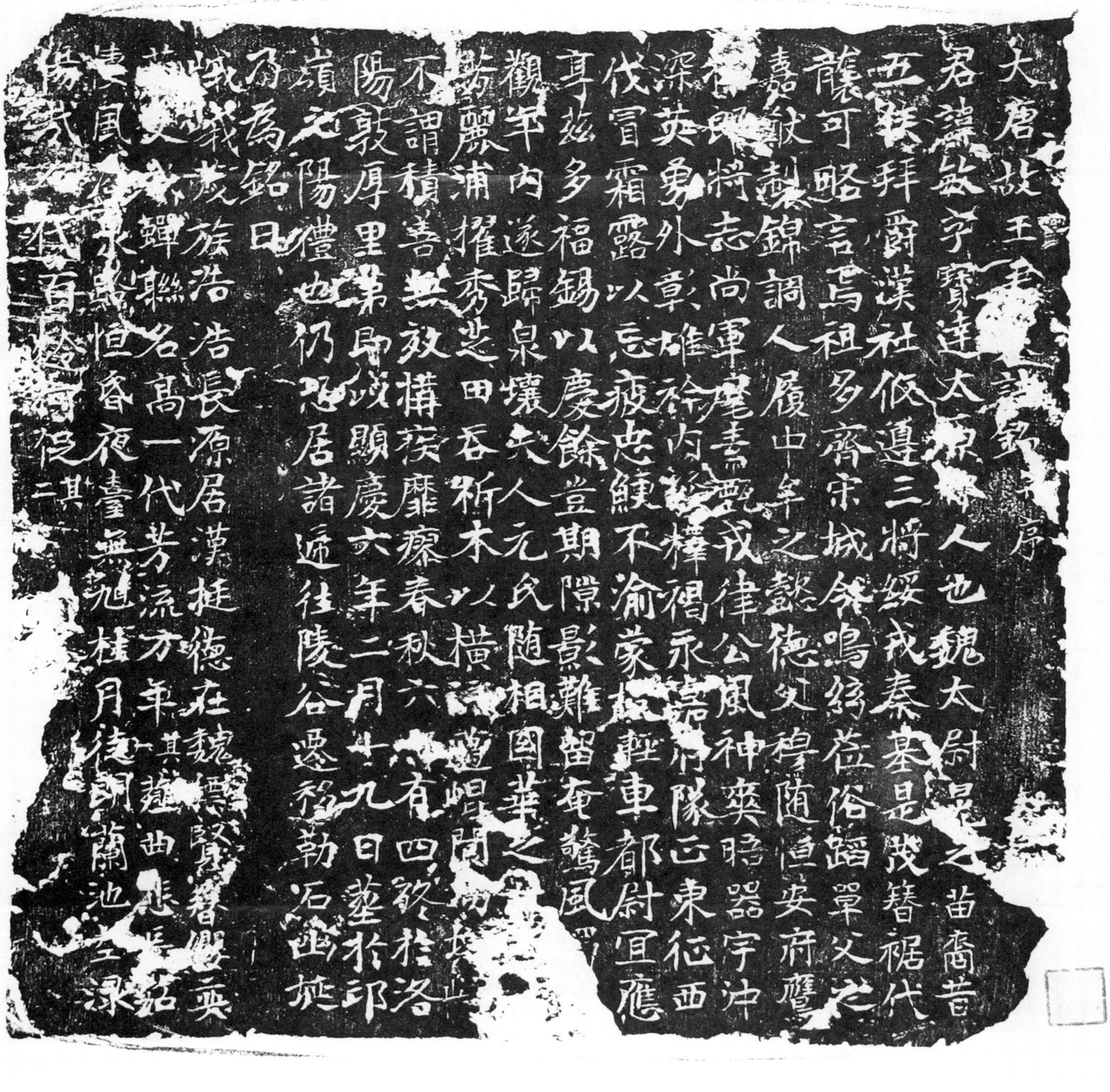

PT/789　王敏墓誌　佚名撰

唐顯慶六年（661）二月十九日葬　河南省洛陽市出土

清末民國拓本　1張　44 cm×44 cm

正書

首題： 大唐故王君墓誌銘并序

倉永齡題簽： 癸亥十二月得

PT/790　王寬墓誌　佚名撰

唐龍朔元年（661）三月十九日葬　河南省洛陽市出土

清末民國拓本　1張　42 cm×42 cm

正書

首題：洛州河南縣録事王君墓誌

PT/791　王朗及妻魏氏合葬墓誌并蓋　佚名撰

唐龍朔元年（661）四月二十一日葬　河南省洛陽市出土

清末民國拓本　2張　45 cm×45 cm，33 cm×33 cm（蓋）

正書，蓋篆書

蓋題：王君墓誌
首題：大唐故雲騎尉王府君及夫人魏氏墓誌銘并序
鈐印：倉氏金石文字

大唐故雲騎尉王府君及夫人魏氏誌銘并序
君諱朗，字玄明，太原晉陽人也。魏司空昶即公之遠葉祖焉。
原夫控鶴伊川，肇神基於得姓；飛凫葉縣，崇靈系於高宗。由
是地表膏腴，門承簪紱，詳諸史牒，可略而言。父癸，幼挺璋
時，稱俊秀，光應妙選，任沂州録事參軍，因官成周，遂居于洛
汭。君孕質崐嶺，疏枝桂林，迴秀揔其繁華，遠鏡標其特達。至
於儒宗玄府，罔不畢該，德圃仁庭，弘規疊映，式光七德。
詔授雲騎尉官。既而石火難留，逝川易往，爰遘寢疾，以永徽
六年十二月十日終于景行里第，春秋六十有三。夫人魏氏，
鉅鹿中山人也。後魏僕射收之苗裔。原夫立功受賞，大名表
於宗周；匡國佐時，宏略傳諸盛漢。紆青鳴玉，代有其人。父彥，
盛寓馳聲，芳徽遠映，因官洛邑，遂家于三川。夫人發秀芝田，
芳晥分其王葉；承華寶樹，茂林□其金柯。令譽幼彰，清規凤
備，嶷姿獨立，似禀質於靈娥；□孤標凝，託精於仙婺。□頫
有節，率禮無違，爰應標梅，作嬪王氏。母儀既極，婦則斯□，
戚揔其嘉猷，隣族模其懿範。俄而遘疾，遂致弥留，以龍朔□
年四月四日終於景行里第，春秋六十有七。知與不知，莫不
傷感，豈直輟舂興歎，罷織銜悲而已。式即以其年□月廿一
日合葬於邙山翟村之西一里。子元宗、元卿等哀纏霜草，望
岵屺而無依；痛結樹風，悲終天而罔極。故扶□□血，匍匐墳
塋，乃勒茲銘，永為不朽。其詞曰：
遐宣茂軌，廣肅弘規，徽猷綽著，遺風在斯。脩竹擢節，高松徑
枝，谷不朽，陵谷徒移。

PT/793　竹妙墓誌　佚名撰

唐龍朔元年（661）九月二十三日葬　河南省洛陽市出土

清末民國拓本　1張　52 cm×52 cm

正書

首題： 大唐故夫人竹氏墓誌銘并序

鈐印： 倉氏金石文字

PT/794 爨君墓誌 佚名撰

唐龍朔元年（661）十月八日葬 河南省洛陽市出土

清末民國拓本 1張 61 cm×61 cm

正書

首題： 唐故文林郎爨君墓誌銘并序

鈐印： 倉氏金石文字

PT/795　郭壽墓誌　佚名撰

唐龍朔元年（661）十月十一日葬　河南省洛陽市出土

清末民國拓本　1張　48 cm×48 cm

正書

首題：［大唐］故郭處士墓誌銘并序

ST/796　張興墓誌　佚名撰

唐龍朔元年（661）十月二十三日葬　河南省安陽市出土

清拓本　1張　63 cm×63 cm

正書

首題：大唐故處士張君墓誌銘

鈐印：倉印

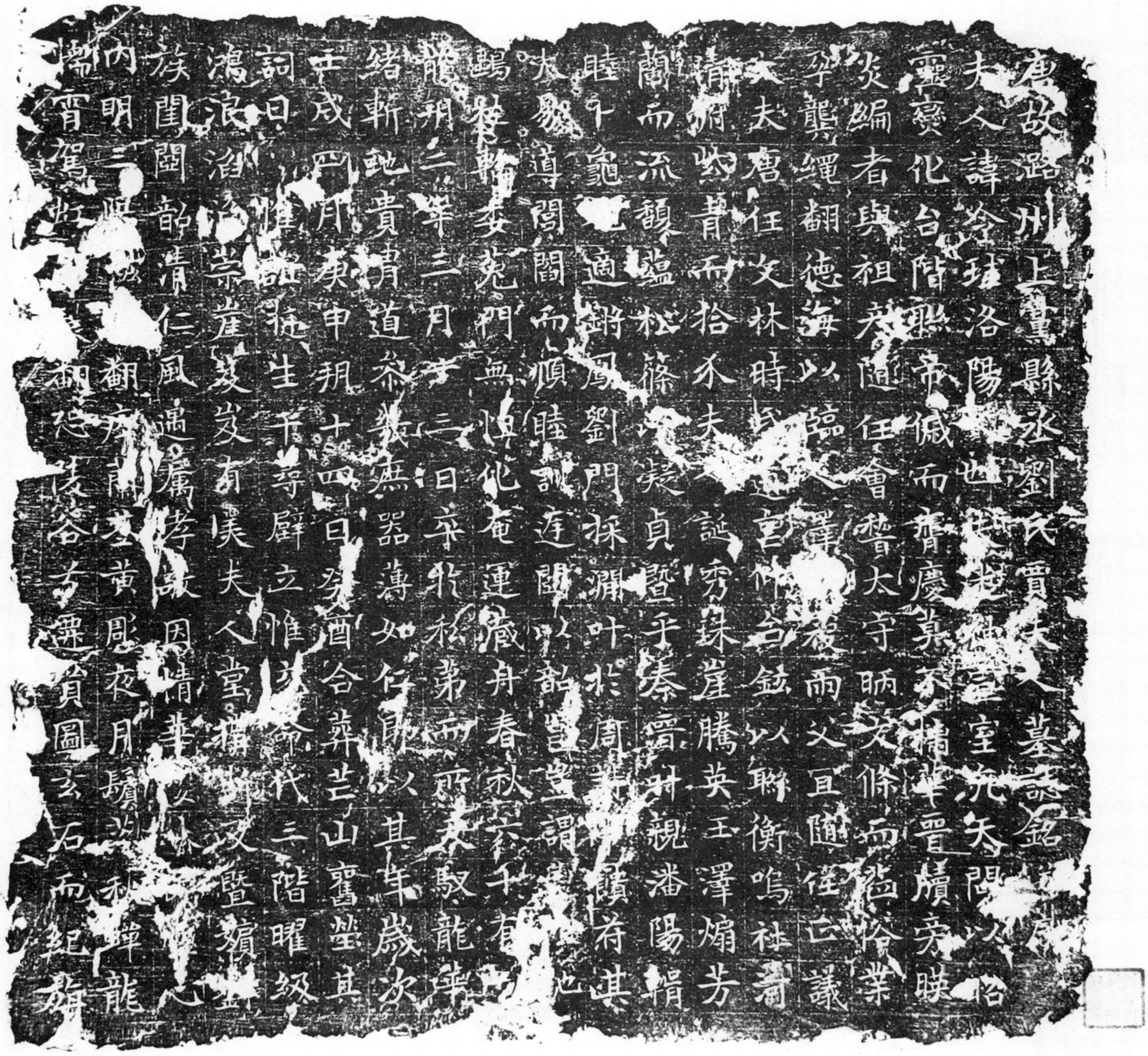

PT/797　劉君妻賈令珪墓誌　佚名撰

唐龍朔二年（662）四月十四日葬　河南省洛陽市出土

清末民國拓本　1張　43 cm×43 cm

正書

首題： 唐故潞州上黨縣丞劉氏賈夫人墓誌銘并序

倉永齡題簽： 癸亥十二月得

PT/798 侯君妻竇氏墓誌 佚名撰

唐龍朔二年（662）五月二十六日葬 河南省洛陽市出土

清末民國拓本 1張 37 cm×37 cm

正書

首題：大唐隴西王府侯司馬故妻竇夫人之銘并序

倉永齡題簽：癸亥十二月得

PT/799　爾朱君妻董氏墓誌　佚名撰

唐龍朔二年（662）六月二日葬　河南省洛陽市出土

清末民國拓本　1張　38 cm×37 cm

正書

首題：大唐衛州共城縣故董夫人墓誌銘

PT/800　張禮墓誌　佚名撰

唐龍朔二年（662）六月二十七日葬　河南省洛陽市出土

清末民國拓本　1 張　43 cm×42 cm

正書

首題：唐故張處士墓誌銘并序

PT/801　宮君妻秦冲墓誌　佚名撰

唐龍朔二年（662）八月十日葬　河南省洛陽市出土

清末民國拓本　1張　41 cm×41 cm

正書

首題：唐越州諸暨縣主簿宮君故夫人秦氏墓誌銘并序

PT/802　孫君妻宋氏墓誌并蓋　佚名撰

唐龍朔三年（663）二月十二日葬　河南省洛陽市出土

清末民國拓本　2張　44 cm×43 cm，37 cm×38 cm（蓋）

正書，蓋篆書

蓋題：大唐故宋夫人墓誌銘
首題：唐孫君故夫人宋氏墓誌銘并序
鈐印：倉氏金石文字

唐孫君故夫人宋氏墓誌銘并序

原夫珠皐耀彩竦光價於古今蕙畹騰芳播洲氣
於前後夫人廣平人也自玄丘降祉赤伏徵暉飛
華軒以鏘金抗忠謹而鳴玉不可窮者可略言焉
爰自祖宗咸以冠冕夫人疏流蘭池分枝桂苑情
田馥於蕙葉心鏡迥於金波慶緒夙鍾自天成德
夫人育茲盛則嬪我高門並松蘿以耀暉同琴瑟
而諧合可謂金壁相暎繡綺齊明不意霜下春蹊
清吹停於珮響曉沈初月菱光絕於增波遂以龍
朔三年正月廿八日終於從善里私第春秋廿有
二以其年二月十二日權殯於邙山之陽禮也嗚
呼哀哉彿霧歸轜侵星飛旐經郊郭之迢迢遵荒
阡之杳杳勒遺行於玄石架千秋之愈劭乃其詞
曰
華宗藹藹景胄悠悠在周作伯於漢稱酋紅蘭繁
彩金菊光秋誕茲淑類於今尠儔繐悵鸞春華萏
聲沈鳳吹韻停龍笛斂悲露凝歌玄堂增閒樹百
代而弥繁名千秋而赫弈

PT/804 段文會墓誌 佚名撰

唐龍朔三年（663）四月二日葬 河南省洛陽市出土

清末民國拓本 1張 40 cm×39 cm

正書

首題： 唐故段君墓誌銘并序

唐故鄭州新鄭縣令唐府君墓誌銘并序
君諱沙河南洛陽人也其先周封虞之後也父護隨
荊州安興縣令翔鸞製錦凝德政以穗神馴雉庭虛
標清貞於物表君稟斯風縣素履忠覩幼挺仁明長
矜弘敏文談海碧寫波瓊池行篤篁鮮表枝翠於霜
曙俄逢道季鏟迹深居及歸
聖化情希養志玩清風而篤俗味　道泰以怡神優
哉遊哉不覺將老
詔授鄭州新鄭縣令優年德也春秋八十有三以龍
朔三年四月廿九日終於景行坊私第夫人楊氏弘
農華陰人也夙挺貞規早著言行志高操潔度廣慈
深架松竹以申情峻霜氷而藻性芳銷媚苑花落華
蕤去貞觀十六年六月廿五日卒於私第春秋五十
二越以龍朔三年五月廿日啓自先塋与府君合葬
於邙山之陽禮也嗣子并州文水縣尉仁軌恐簡落
青編德音何紀故雕芬琬其詞云尔
玄德蘭芬徽猷王振於穆府君清流是胤其一
仰導遐風俯弘貽則湮右疏壤洛濱蘊德其二
雙柜道性而忘榮利自得花前昌和遺媚其三
月落池陰庭虛樹晦泉門既穸松踈風蕩

PT/805　唐沙墓誌　佚名撰

唐龍朔三年（663）五月二十日葬　河南省洛陽市出土

清末民國拓本　1張　51 cm×52 cm

正書

首題：唐故鄭州新鄭縣令唐府君墓誌銘并序

鈐印：澹龕

唐故程夫人墓誌銘并序
夫人字令秀廣平人也茂族之興遠播方冊
代有異人蟬聯圖諜祖詳文經相州長史父
萬朗隨武陽郡冠氏縣令並氣韞山川材高
博術聲芬後代榮暎當時夫人謙恭敬順奉
脩有身婦德婦容四行柔儉曲從敬弱該備
七章識彼母儀體茲婦德笄年出適言歸張
氏舅姑孝譽冰涌鮮魚娣妹邕邕閨門穆穆
既而東流不止西景遽流輿善無徵殲良奄
及以龍朔二年四月廿八日卒于私第春秋
七十五即以龍朔三年歲次癸亥八月壬午
朔廿一日壬寅葬于洛陽邙山之上恐人齡
遂遠陵谷相遷勒翠石於泉扃庶徽猷之不
泯其詞曰
爰育貞淑礼義不虧母儀內穆溫良外敷是
稱令德邦家之姝詩美葛覃礼尚柔順蘭桂
齊芳琴瑟方韻春花早零夏葉流潤如何一
旦奄然長殞

PT/806　張君妻程令秀墓誌　佚名撰

唐龍朔三年（663）八月二十一日葬　河南省洛陽市出土

清末民國拓本　1張　48 cm×48 cm

正書

首題：唐故程夫人墓誌銘并序

PT/740　李英墓誌　佚名撰

唐龍朔□年（661—663）十□月五日葬　河南省洛陽市出土

清末民國拓本　1張　43 cm×43 cm

正書

首題： 洛州洛陽縣處士李君墓誌銘并序

倉永齡題簽： 癸亥十二月得

PT/807　鄧威墓誌　佚名撰

唐龍朔□年（661—663）四月三日葬　河南省洛陽市出土

清末民國拓本　1張　47 cm×47 cm

正書

首題：唐故鄧君墓誌銘并序
鈐印：澹盦

大唐故騎都尉李君墓誌銘
君諱文字緯隴西成紀人周柱史册之後也原夫玄鳥含[illegible]
[illegible]誕聖跡爰履華女載生命氏開家其来尚矣至如
[illegible]樹姓焉自然氣西浮瑶源已濬仙舟東泛玉葉
可略言矣曾祖齊金郡太守恆以求瘼雨遂[illegible]政
[illegible]風鸞隨馬去祖寔周任安州錄事參軍鈞深索隱慓風格以
綰違蹟要探機肅霜毫紀繇父幼承詩禮早奉金蘭綺歲談
天齡年對月務舉晉王府參軍事君克[illegible]當堂載楊弓治昭[illegible]
緒對郁家風時屬末隨不遑儒業所以學未優贍志在前[illegible]
應接義旗忠誠可紀錫以戎律實給寵章授騎都尉方當[illegible]翼
雲路騁之長衢豈知天不慭遺殲良奄及藏舟易往隟馬難留
蓋露一朝生平萬古以永徽二年十月廿九日卒於私第春秋
七十有二夫人彭城劉氏閨德訓斷織流慈既勗魚官還嗟
馬跡竟先君子簪杖蒿萊何當眉壽不終頹曦遽謝以麟德元
年二月[illegible]日卒春秋八十[illegible]二日以麟德元年歲次甲子二月
己卯朔十八日丙申合葬於同州馮翊縣武城鄉之平原禮也
孫子武仁等追惟岵屺載想慕[illegible]而風樹銜悲仰高堂而灑
泣痛深曾閔酷甚柴由永薦水魚長著雪筍恐陵谷更貿桑海
年遷敢勒遺塵式銘玄石云
服跡孕靈指樹含生册浮氣紫膺帆舟輕達人知足至理無名
分枝遷聖弈葉惟英其一天長地久人事推遷鶴書易促鵩識
難延既騫山壽終奄瓊年風停郢斷波綴牙絃其二
一從蒿里無野蒼芒春雲結靉秋月凝光瑩寒吹急壟晦煙長
聊旌琬琰式紀遺芳

PT/808　李文墓誌　佚名撰

唐麟德元年（664）二月十八日葬　陝西省渭南市大荔縣出土

清末民國拓本　1張　48 cm×48 cm

正書

首題：大唐故騎都尉李君墓誌銘

鈐印：倉永齡印

PT/809　王才及妻毛氏合葬墓誌　佚名撰

唐麟德元年（664）三月十三日葬　河南省安陽市出土

清末民國拓本　1張　44 cm×43 cm

正書

首題： 大唐故王府君及夫人毛氏墓誌銘并序

鈐印： 倉氏金石文字

洛中處士孟君墓誌銘并序
君諱師字大雅東海郡人也即孟子軻之後長瀾渚
興泗水而爭流層構連霄仰龜山而競峙長卿孤倬飛
譽於儒林少孤高行騰聲於隱録太祖父諱龍字彥隨
太常寺丞考諱暉字玄珪和川長史職惟樂金石允
諧替務珪符藩庭取則令譽斯在言猶未絶君地藉英
裘時稱俊乂衣纓代襲道德相暉遂乃散慮林泉志輕
軒冕蕭然物表竟無降屈之心偃景區中庶有終焉之
志豈謂昊天不弔少微韜處士之星與善無徵武擔摧
椎隱之石春秋有七十以大唐麟德元年十月八日終
於私第嗚呼哀哉可謂悲纏里閈無聞相杵之聲痛剖
親朋有切撫孤之慟還以其年十一月二日遷窆於邙
山之陽禮也隟駟不停奔羲墜於昧谷朽壤頹地藏舟
徙於大川不勒堅貞于何誌也乃爲銘曰
赫赫宗周明明頌魯惟鄉惟佐伊君乃祖惠澤宏流仁
風遐舉輝光日新娟茲邦右其一自茲厥後傳子傳孫蒙
榮以貴昂畢斯尊清淨寡欲巖百不奔其二韓與處士肥
遁居貞與物無競晦迹遺名氣高中散韻踰步兵其三
天不遺德忽如過隟日居月諸俄成永穸高春景落崦
嵫日迴霧結松青霜凝草白纏緗易朽銘芳玄石

PT/810　孟師墓誌　佚名撰

唐麟德元年（664）十一月二日葬　河南省洛陽市出土

清末民國拓本　1張　52 cm×52 cm

正書

首題： 洛中處士孟君墓誌銘并序

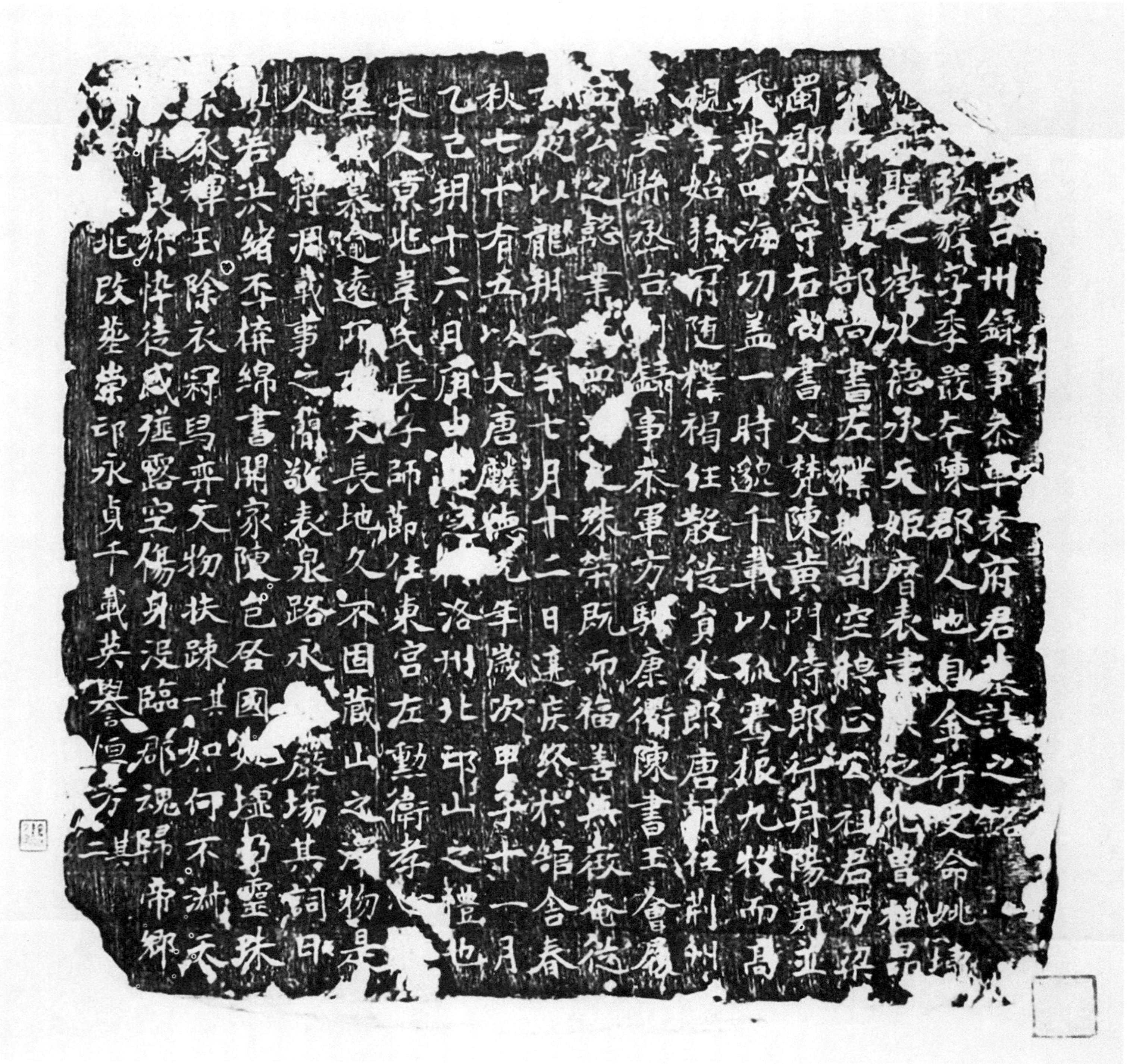

PT/811　袁弘毅墓誌　佚名撰

唐麟德元年（664）十一月十六日葬　河南省洛陽市出土

清末民國拓本　1張　38 cm×38 cm

正書

首題：［大唐］故台州録事參軍袁府君墓誌之銘

鈐印：倉氏金石文字

PT/812　王達墓誌　佚名撰

唐麟德元年（664）十一月二十八日葬　河南省洛陽市出土

清末民國拓本　1張　40 cm×40 cm

正書

首題：□□故王君墓誌銘并序

PT/816 侯僧達墓誌 佚名撰

唐麟德二年（665）閏三月二十八日卒　河南省洛陽市出土

清末民國拓本　1張　45 cm×43 cm

正書

首題：大唐故懷音府隊正飛騎尉侯君墓誌銘

PT/813　楊客僧墓誌　佚名撰

唐麟德二年（665）九月二十五日葬　河南省洛陽市出土

清末民國拓本　1張　46 cm×46 cm

正書

首題： 大唐故楊君墓誌銘并序

倉永齡題簽： 癸亥十二月得

唐故周夫人墓誌銘并序
夫人諱　吳郡人也今寓貫河南焉其先吳將瑜失
人即其後也夫八桂凝芬十[illegible]薇藻金枸玉蘂飄影當朝
是故馬疊影於桃蹊綬飄花於蓮沼絲綸赫帝[illegible]諫詳諸
祖乳父弘並韻宇清通雅度融朗跡神洞於心鏡挺質煥
於情申道隱性豈蹈藉榮利者也夫人秀異玄鬒宏奇綺
卄蘊風儀於蘭畹習緗德於芝田分淵蕙叢耿高情於露
表跡貞竹徑潛雅素於霜朝及納綵閨闈嬪於程氏峻節
將菊潭爭潔明兔共玉沼同暉望桂魄而齊明方楚珵而
共潤久敬超於萘媛如賓越於並姬豈唯恭懋婦貞儀櫟
母則方題慶於行樂奄摧玉於瓊瑛越以麟德二年九月
十五日終於洛陽縣毓財坊私第春秋八十有三以其年
十月十一日葬於河南縣平樂鄉界北邙山之陽禮也嗣
子左威衛洛汭府隊正飛騎尉賈感寒暑不留龜筮因襲
素蓋儼兮愁雲興靈輀遲兮淒風急忉寒泉之貫腸悲鵩
屺之傷骨遵遺烈之經懷託友朋而勢勒其詞曰
峨峨鴻緒鎬〻高胤巖瀾万頃跡峯千刃秀逸霞端才侔
王潤祥下貞淵慶流英俊
英俊容己二儀是毓比德山高方人江澳曉霜標節朝光
祉淵福祉斯扃儀摧蘭菊
蘭菊寔摧朝光顯耀珠碎夕暉璧沉夜照暫啓荒埏長閟
幽嶠漢月空霏松風獨搖

PT/815　程君妻周氏墓誌　佚名撰

唐麟德二年（665）十月十一日葬　河南省洛陽市出土

清末民國拓本　1張　40 cm×40 cm

正書

首題： 唐故周夫人墓誌銘并序

PT/817　田愽及妻桑氏合葬墓誌　佚名撰

唐乾封元年（666）二月十二日葬　河南省洛陽市出土

清末民國拓本　1張　53 cm×53 cm

正書

首題：大唐故飛騎尉田君夫人桑氏墓誌銘并序

鈐印：澹盦金石

PT/818 郭君妻楊氏墓誌 佚名撰

唐乾封元年（666）九月七日葬 河南省洛陽市出土

清末民國拓本 1張 37 cm×37 cm

正書

首題： 唐騎都尉郭君故夫人楊氏墓誌銘并序

PT/819　楊智積墓誌　佚名撰

唐乾封二年（667）八月十八日葬　陝西省渭南市大荔縣出土

清末民國拓本　1張　45 cm×44 cm

正書

首題：大唐故上柱國咸陽府長上果毅楊君墓誌銘

鈐印：錫青

PT/820　王和墓誌　佚名撰

唐乾封二年（667）十月二十二日葬　河南省洛陽市出土

清末民國拓本　1張　44 cm×43 cm

正書

首題：唐故箕州榆社縣令王君墓誌銘并序

鈐印：倉氏金石文字

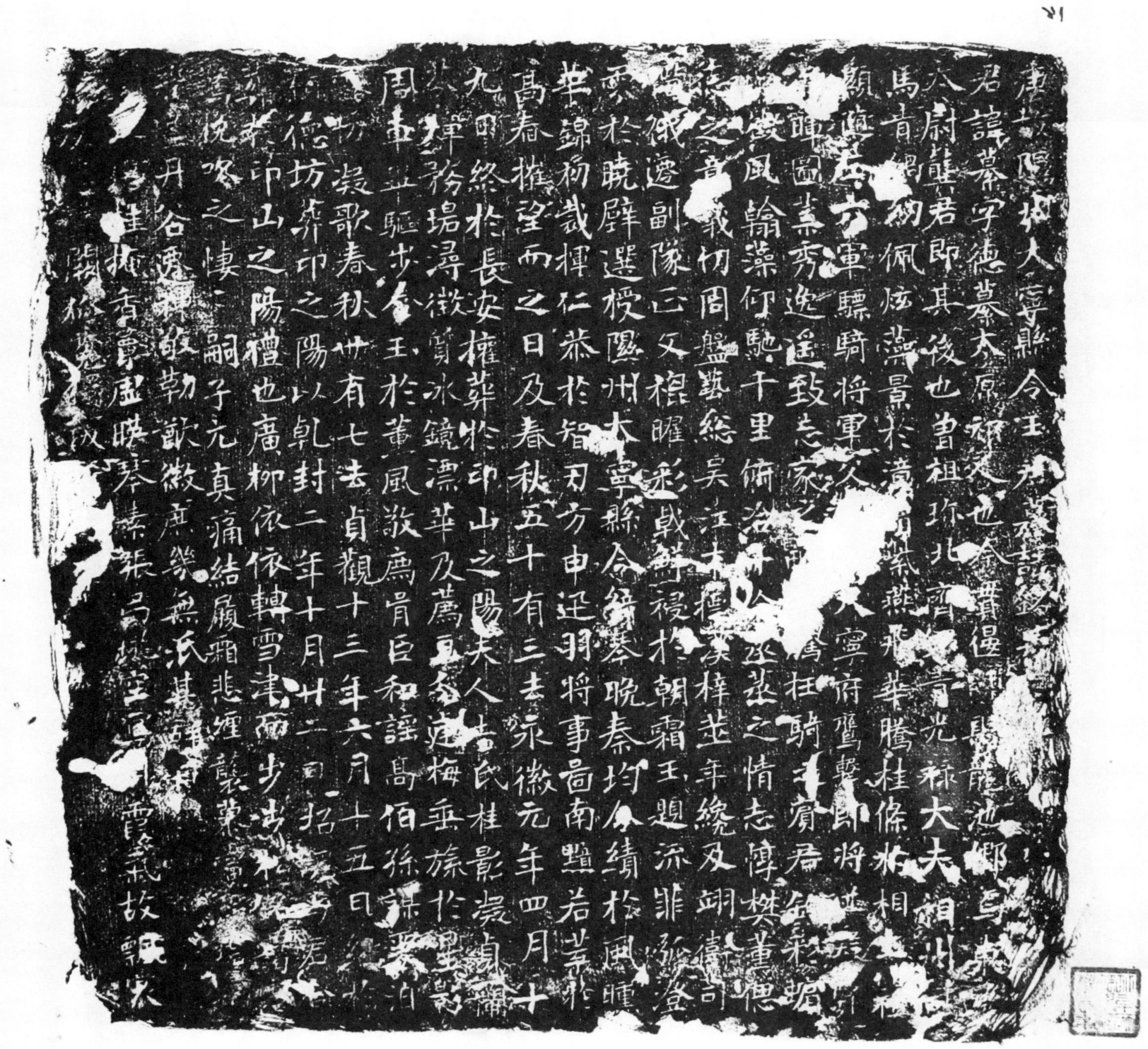

PT/822　王纂墓誌　佚名撰

唐乾封二年（667）十月二十二日葬　河南省洛陽市出土

清末民國拓本　1張　36 cm×36 cm

正書

首題： 唐故隰州大寧縣令王君墓誌銘

PT/824 段儉妻李弟墓誌 佚名撰

唐乾封二年（667）十月二十八日葬　河南省洛陽市出土

清末民國拓本　1張　39 cm×39 cm

正書

首題：唐故段氏妻李夫人墓誌銘并序

倉永齡題簽：癸亥十二月得

PT/823　婁敬墓誌　佚名撰

唐乾封二年（667）閏十二月十七日葬　河南省洛陽市出土

清末民國拓本　1張　59 cm×59 cm

正書

首題： 大唐故右驍衛游擊將軍安義府右果毅都尉上柱國婁君墓誌銘并序

倉永齡題簽： 癸亥十二月得

PT/825 張朗墓誌 （唐）張崇珪撰

唐乾封二年（667）閏十二月二十七日葬　河南省洛陽市出土

清末民國拓本　1張　48 cm×56 cm

正書

首題： 唐故張君墓銘并序
鈐印： 倉氏金石文字

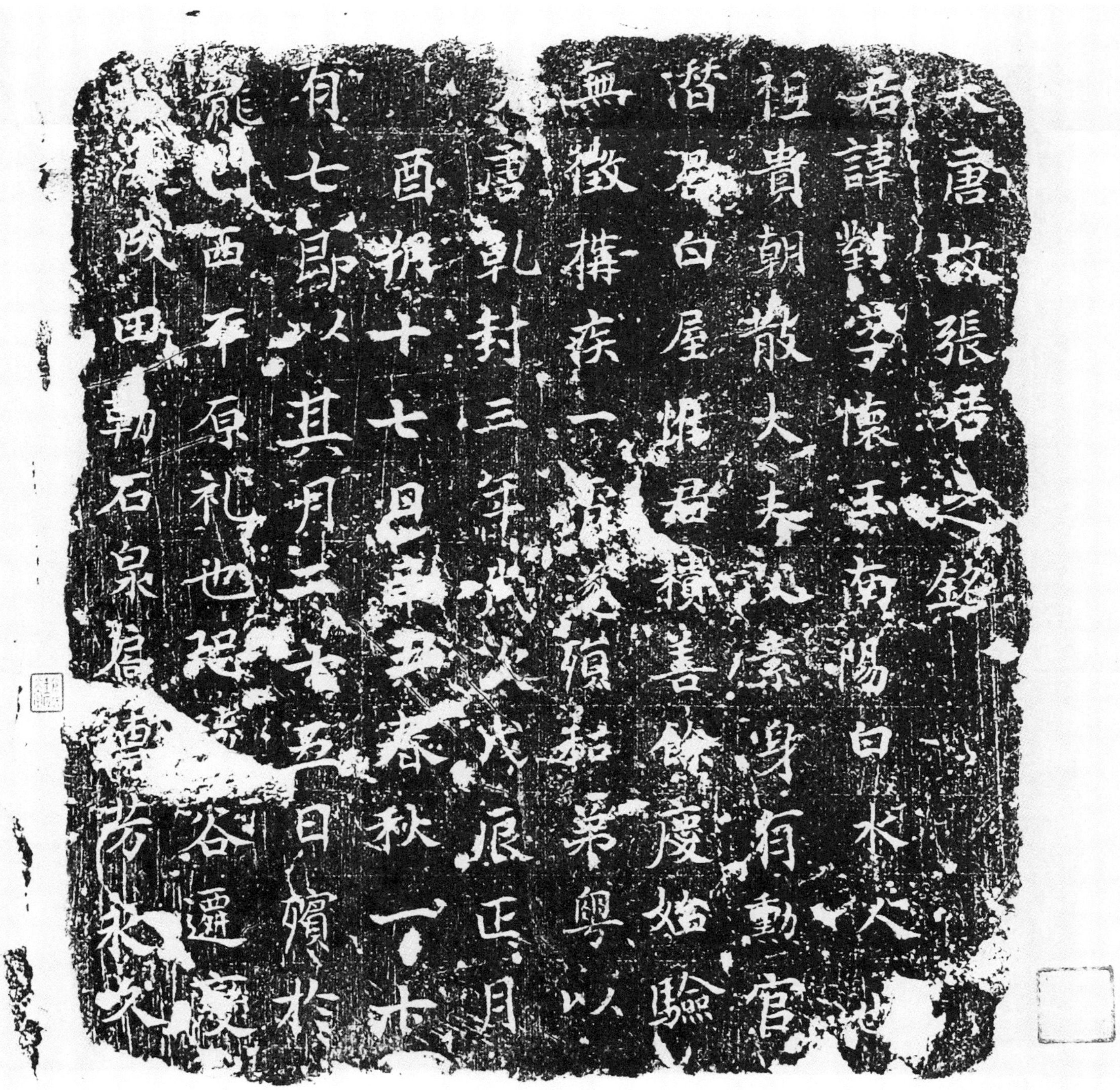

PT/826　張對墓誌　佚名撰

唐乾封三年（668）正月二十五日葬　河南省洛陽市出土

清末民國拓本　1張　35 cm×31 cm

正書

首題：大唐故張君之銘

鈐印：倉氏金石文字

倉永齡題簽：石在洛陽存古閣；庚申得

ST/827 苻君妻張曜本墓誌 佚名撰

唐總章元年（668）二月三十日葬 出土地不詳

清末民國拓本 1張 38 cm×38 cm

正書

首題： 大唐前房州房陵縣尉苻君太夫人張氏墓誌銘并序

鈐印： 澹盦

倉永齡題簽： 庚申得於都門

ST/829　趙師墓誌　佚名撰

唐總章元年（668）十月十九日葬　河南省洛陽市出土

清末民國拓本　1張　37 cm×36 cm

正書

首題： 大唐故洛州趙君墓誌之銘

PT/828 李泰墓誌 佚名撰

唐總章元年（668）十一月二日葬 河南省洛陽市出土

清末民國拓本 1張 57 cm×57 cm

正書

首題：大唐故李君墓誌銘

倉永齡題簽："總章元年十一月二日李君墓誌銘"，此在石尾另一行，年月下復書"李君墓誌銘"，亦創例也

PT/830　范彦墓誌　佚名撰

唐總章二年（669）二月二十四日葬　河南省洛陽市出土

清末民國拓本　1張　47 cm×46 cm

正書

首題： 大唐泗州漣水縣主簿武騎尉故范君墓誌銘

鈐印： 澹盦

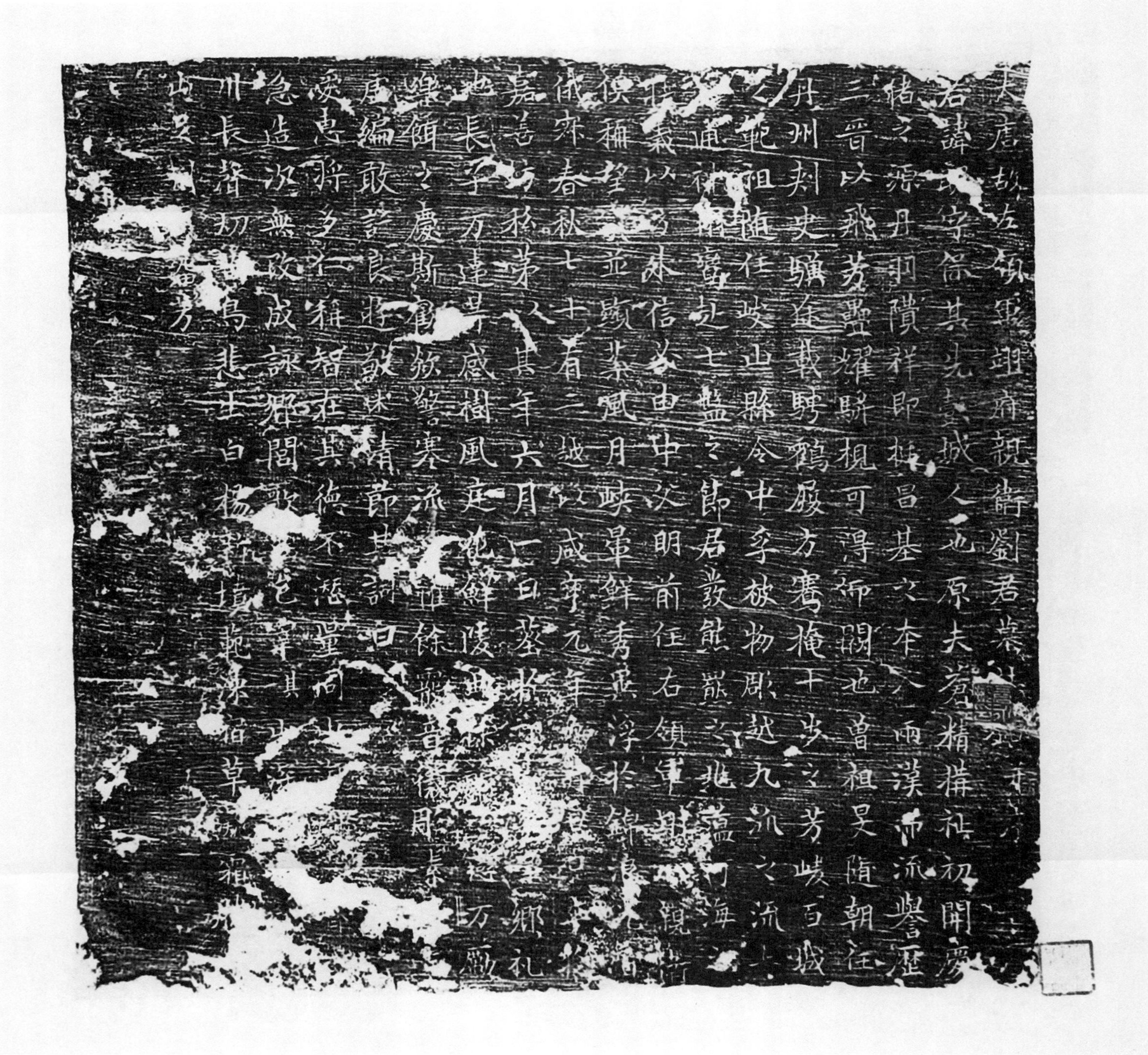

PT/831 劉朗墓誌 佚名撰

唐咸亨元年（670）六月一日葬 河南省洛陽市出土

清末民國拓本 1張 45 cm×44 cm

正書

首題： 大唐故左領軍翊府親衛劉君墓誌銘并序

鈐印： 倉永齡印

PT/832　張軌墓誌　佚名撰

唐咸亨元年（670）閏九月二十日葬　河南省洛陽市出土

清末民國拓本　1張　49 cm×49 cm

正書

首題： 大唐故張君墓誌銘并序

鈐印： 永齡私印

PT/834　張曉墓誌　佚名撰

唐咸亨元年（670）[閏九] 月二十日葬　河南省洛陽市出土

清末民國拓本　1 張　62 cm×62 cm

正書

首題： 隋故 [金紫光] 禄大夫右武衛武賁郎將江陽公張府君墓誌銘并序

倉永齡題簽： 癸亥十二月得

PT/833　趙氏墓誌　（唐）□處言　（唐）□處基等撰

唐咸亨元年（670）十月一日葬　河南省洛陽市出土

清末民國拓本　1張　41 cm×41 cm

正書

首題： 唐故趙夫人墓誌銘并序

PT/835 韓昱墓誌 佚名撰

唐咸亨二年（671）三月九日葬 河南省洛陽市出土

清末民國拓本 1張 47 cm×47 cm

正書

首題： 大唐故韓府君墓誌銘并序

鈐印： 澹盦

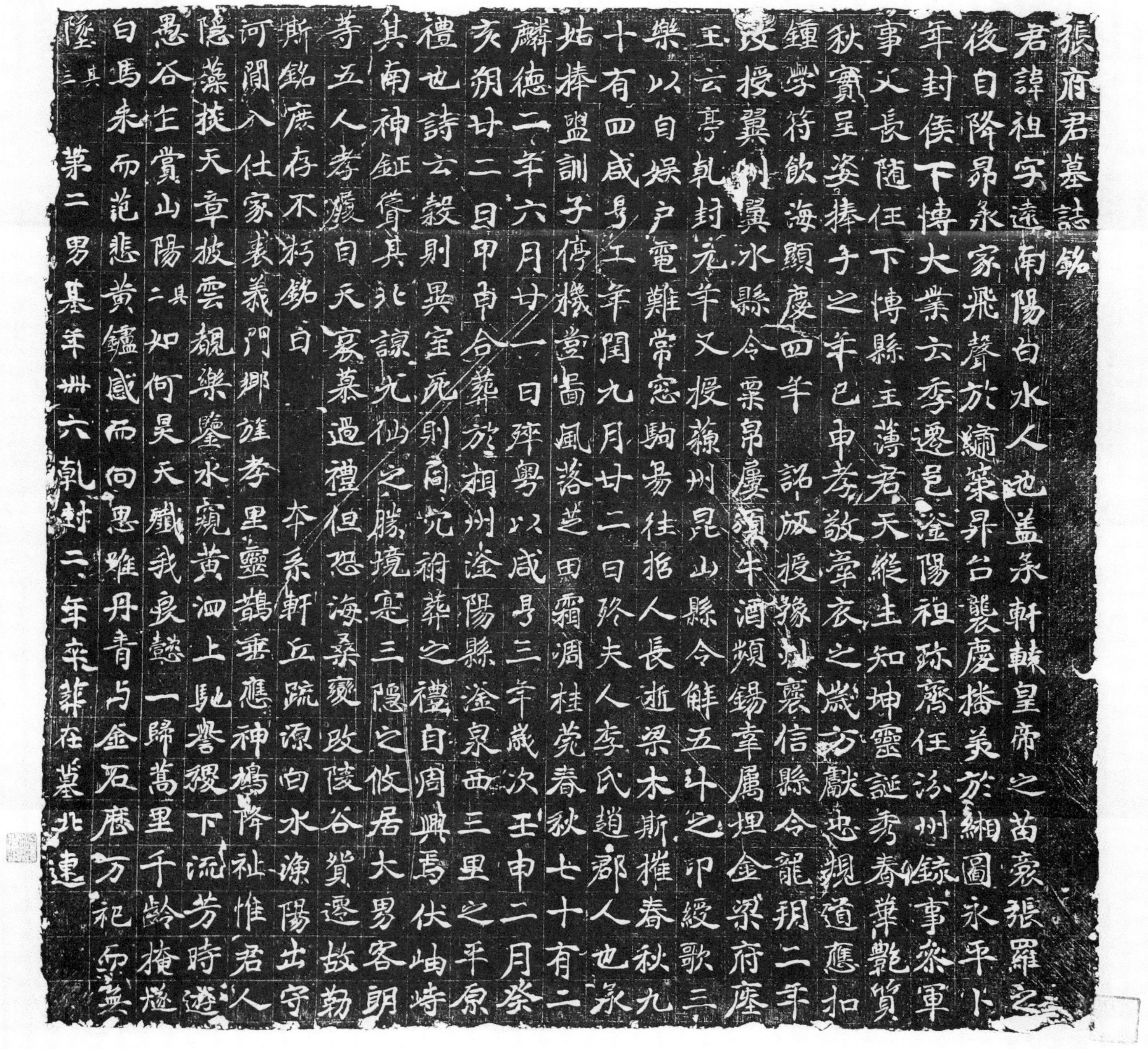

張府君墓誌銘
君諱祖字遠南陽白水人也蓋系軒轅皇帝之苗裔張羅之
後自降昴永家飛聲於鏑築昴台襲慶播美於緗圖永平卜
年封侯下博大業云季遷邑滏陽祖珎齊任汾州録事參軍
事父長隨任下博縣主簿君天縱生知坤靈誕秀春華艷質
秋實呈姿捧子之年已申孝敬章衣之歲方獻忠規道應扣
鍾学符飲海顯慶四年詔版授豫州褒信縣令龍朔二年
復授冀州冀水縣令粟帛屢須牛酒頻錫章屬埋金梁府座
王云亭乾封元年又授蘇州昆山縣令解五斗之印綬歌三
樂以自娛户竈難常窓駒易往指人長逝梁木斯摧春秋九
十有四咸亨二年閏九月廿二日終夫人李氏趙郡人也永
姑捧盥訓子停機豈圖風落蓫田霜凋桂苑春秋七十有二
麟德二年六月廿一日終粤以咸亨三年歲次壬申二月癸
亥朔廿二日甲申合葬於相州滏陽縣滏泉西三里之平原
禮也詩云穀則異室死則同穴祔葬之禮自周興焉伏岫峙
其南神鉦聳其北諒九仙之勝境寔三隱之攸居大男客朗
等五人孝履自天哀慕過禮但恐海桑變改陵谷貿遷故勒
斯銘庶存不朽銘曰　本系軒丘疏源白水滌陽出守
河間入仕家表義門鄉旌孝里靈鵲垂應神鳩降祉惟君人
隱藻搉天章披雲覩樂鑒水窺黄泗上馳譽稷下流芳時遊
愚谷生賞山陽二具如何昊天殲我良懿一歸萬里千齡掩燧
白馬来而莅悲黄鑪感而向思雖丹青与金石歷万祀而無
墜三具　第二男基年卅六乾封二年来葬在墓北連

PT/836　張祖墓誌　佚名撰

唐咸亨三年（672）二月二十二日葬　河北省邯鄲市磁縣出土

清末民國拓本　1張　55 cm×55 cm

正書

首題：張府君墓誌銘
鈐印：澹盦收藏
倉永齡題簽：戊午年得於沽上

PT/837　王玄墓誌　佚名撰

唐咸亨三年（672）五月二十四日葬　河南省洛陽市出土

清末民國拓本　1張　47 cm×47 cm

正書

首題：唐故上柱國王君墓誌銘并序

倉永齡題簽：按，咸亨三年爲壬申，四年爲癸酉。誌石爲一夫人墓誌，字略可辨，爲總章二年。王玄誌復刻其上，一石而刊兩誌，殊不可解

PT/838　慕容知禮墓誌　佚名撰

唐咸亨四年（673）二月二十八日葬　河南省洛陽市出土

清末民國拓本　1張　45 cm×45 cm

正書

首題： 唐故三品孫慕容君墓誌銘并序

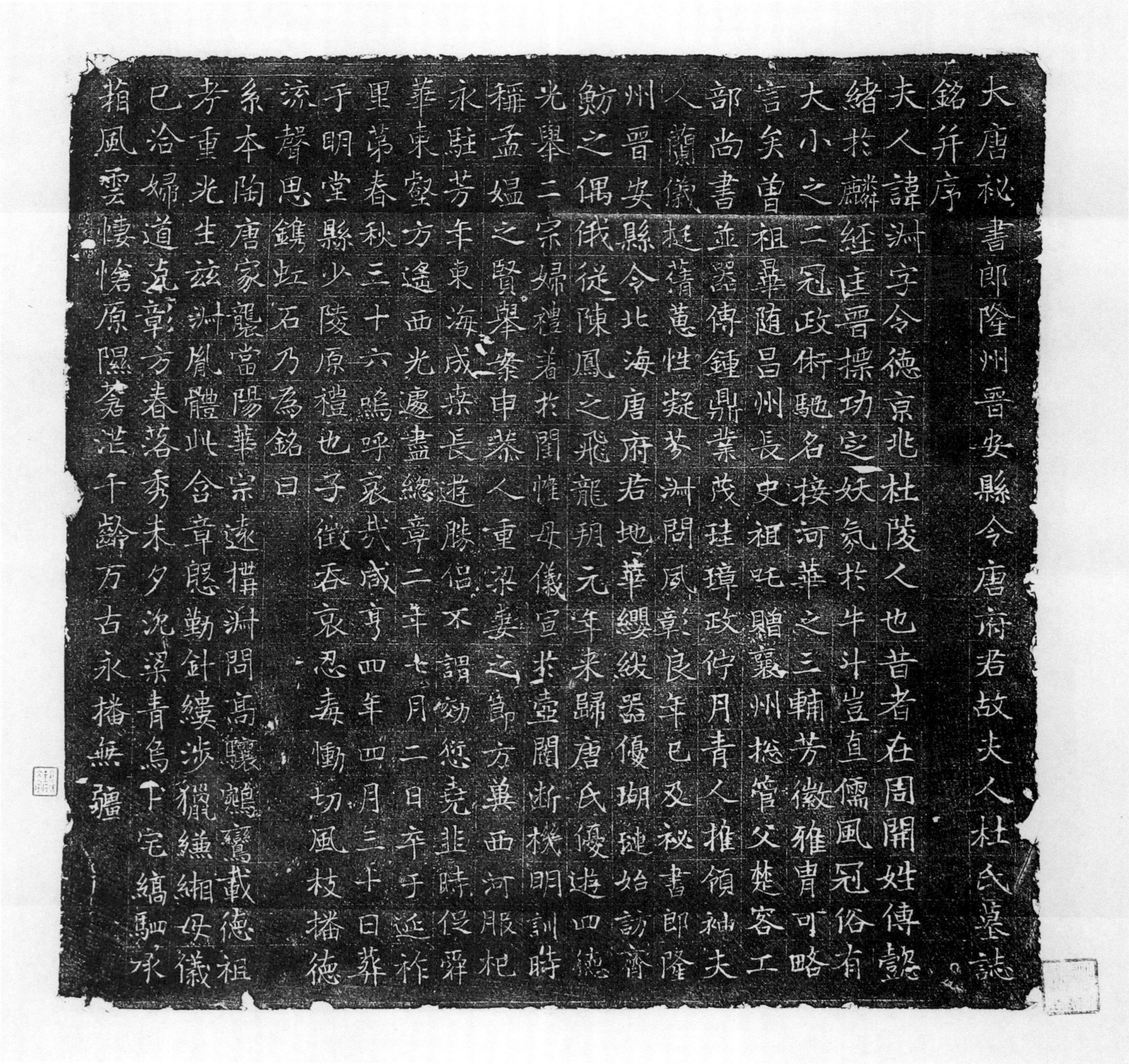

大唐秘書郎隆州晉安縣令唐府君故夫人杜氏墓誌
銘并序
夫人諱淑字令德京兆杜陵人也昔者在周開姓傳懿
緒於麟經匡晉標功定妖氛於牛斗豈直儒風冠俗有
大小之二冠政術馳名接河華之三輔芳徽雅冑可略
言矣曾祖畢隨昌州長史祖旺贈襄州揔管父楚客工
部尚書並器傳鍾鼎業茂珪璋政佇月青人推領袖夫
人蘭儀挺蒨蕙性凝芬淑問風彰良年已及秘書郎隆
州晉安縣令北海唐府君地華纓紱器優瑚璉始訪齊
魴之偶俄從陳鳳之飛龍朔元年來歸唐氏優遊四德
光舉二宗婦禮著於閨帷母儀宣於壼閫斷機明訓時
稱孟媼之賢舉案申恭人重梁妻之節方巢西河服杞
永駐芳年東海成桑長遊勝侶不謂劬悠竟非時促舜
華東墜方逐西光遽盡總章二年七月二日卒于延祚
里第春秋三十六嗚呼哀哉咸亨四年四月三十日葬
于明堂縣少陵原禮也子徵吞哀忍毒慟切風枝播德
流聲思鐫虹石乃為銘曰
系本陶唐家襲當陽華宗遠搆淑問高驤鵷鸞載德祖
考重光生茲淑胤體此含章恩勤針縷涉獵纖緗母儀
已洽婦道彪彰方春落秀未夕沈溪青烏卜宅縞駟承
輴風雲悽慘原隰蒼茫千齡万古永播無疆

ST/839　唐君妻杜淑墓誌　佚名撰

唐咸亨四年（673）四月三十日葬　陝西省西安市出土

清末民國拓本　1張　43 cm×42 cm

正書

首題： 大唐秘書郎隆州晉安縣令唐府君故夫人杜氏墓誌銘并序

鈐印： 倉永齡印、倉氏金石文字

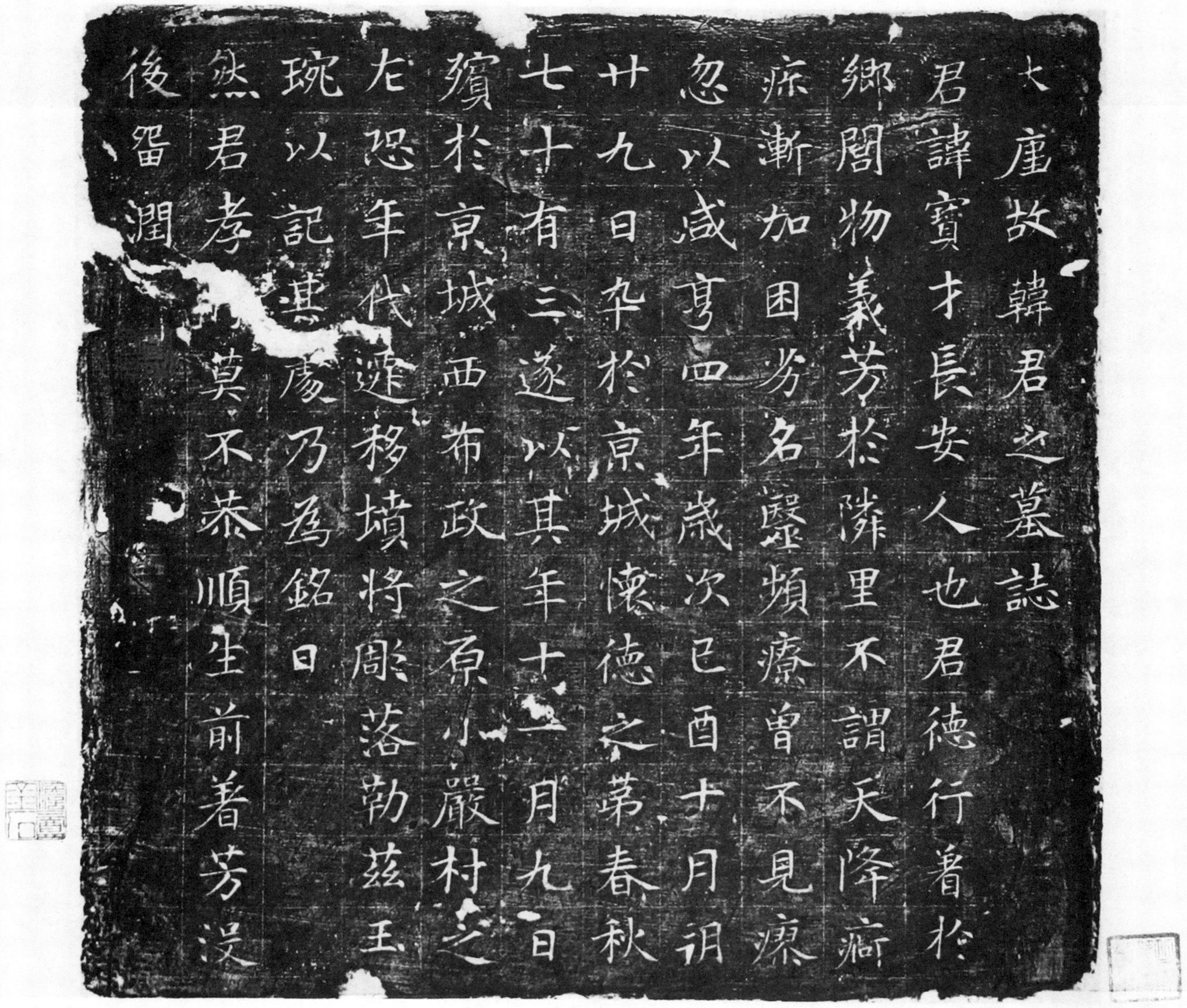

大唐故韓君之墓誌
君諱寶才長安人也君德行著於
鄉閭物義芳於隣里不謂天降痾
疢漸加困劣名醫頻療曾不見瘳
忽以咸亨四年歲次癸酉十月朔
廿九日卒於京城懷德之第春秋
七十有三遂以其年十一月九日
殯於京城西布政之原小嚴村之
左恐年代遷移墳將彫落勒茲玉
琬以記其處乃為銘曰
然君孝莫不恭順生前著芳沒
後留潤

PT/840　韓寶才墓誌　佚名撰

唐咸亨四年（673）十一月九日葬　陝西省西安市出土

清末民國拓本　1張　35 cm×35 cm

正書

首題： 大唐故韓君之墓誌
鈐印： 倉永齡印、滄盦金石

ST/841　曹君妻何氏墓誌　佚名撰

唐咸亨五年（674）四月六日葬　河南省洛陽市出土

清末民國拓本　1張　50 cm×50 cm

正書

首題：唐故夫人何氏墓誌銘并序

鈐印：倉氏金石文字

倉永齡題簽：戊午年所得

PT/842　張貞墓誌　佚名撰

唐咸亨五年（674）八月七日葬　河南省洛陽市出土

清末民國拓本　1張　50 cm×49 cm

正書

首題：唐故仁勇校尉飛騎尉張君墓誌銘并序

鈐印：澹盦

PT/195　劉守忠墓誌　佚名撰

唐咸亨五年（674）八月十三日葬　陝西省西安市出土

清末民國拓本　1張　46 cm×46 cm

正書

首題：大唐故秘閣曆生劉君墓誌銘并序

鈐印：澹盦金石

倉永齡題簽：庚申得

PT/843　劉洪墓誌　佚名撰

唐上元二年（675）十月二十七日葬　河北省滄州市獻縣出土

清末民國拓本　1張　49 cm×49 cm

正書

首題：大唐故劉君墓誌
鈐印：永齡私印、倉永齡印
倉永齡題簽：姚景庭贈；石在直隸慶雲

PT/845　楊茂道墓誌　佚名撰

唐上元二年（675）十一月三日葬　河南省洛陽市出土

清末民國拓本　1張　42 cm×42 cm

正書

首題：大唐故千牛岐州司户參軍事楊君墓誌銘并序

倉永齡題簽：癸亥十二月得

PT/467　喬雞墓誌　佚名撰

唐上元二年（675）十一月［二十］日葬　河南省洛陽市出土

清末民國拓本　1張　35 cm×35 cm

正書

首題： 唐故喬君墓誌銘

PT/844 楊軌墓誌 佚名撰

唐上元二年（675）十一月二十一日葬 河南省洛陽市出土

清末民國拓本 1張 39 cm×39 cm

正書

首題：大唐故鄭州中牟縣主簿楊君墓誌銘并序

PT/846　李君羡妻劉氏墓誌　佚名撰

唐上元二年（675）十二月一日葬　河南省洛陽市出土

清末民國拓本　1張　58 cm×58 cm

正書

首題： 大唐故并州晋陽縣令李君羡夫人彭城劉氏墓誌銘并序

PT/847 陳懷儼墓誌 佚名撰

唐上元三年（676）正月二十二日葬　河南省洛陽市出土

清末民國拓本　1張　51 cm×49 cm

正書

首題： 大唐陳府君墓誌并序

PT/848　馬懷墓誌　佚名撰

唐上元三年（676）二月二十二日葬　河南省洛陽市出土

清末民國拓本　1張　41 cm×41 cm

正書

首題：大唐故上輕車都尉馬君墓誌銘并序

唐嶲州邛都丞張君墓誌之銘
君諱客字知仁其先南陽人也因官出守遂家于此地焉代且
[illegible]星命氏列壤開基黄石大祚留侯白水挺生千子紹蟬繼彩
丕止傳於七葉珪璐騈暉信可光於五代咸已騰芬竹素此可
略而言焉曾祖泰齊青州長史祖詡隨恒州九門縣令竝一時
清秀四海知名變佳政於華蕃張英風於大邑父懿益州道江
尉替鳴絃於三蜀響溢琴臺振鴻筆於雙流文暉錦水君傳華
析浦挺質耶谿獨標野鶴之奇早擅家禽之對學優才贍方署
嶲州邛都縣丞不之任也君官情素宣孝敬因心觀九折之艱
危依然斂轡傲一官之倥傯歘尒投簪於是抗志閑居且述安
仁之賦疏簷邛岫還對仲長之家將巾以待終延優遊而卒歲
粤以上元三秊六月五日遘疾終於私第春秋六十有一原野
感而休農鄰里驚而輟相惟君含和載誕稟氣沖姿符彩驚人
聲名動俗詞筆與楊班齊軌琴酒共嵇阮通家進處朝廷則周
行之鳴鳳退歸林壑則嘉遁之蟠龍孰謂彼蒼殲斯明彥夫人
李氏芳連指樹譽湛流蘋景采德於坤元酌貞風於巽首棄[illegible]
早逝駕蜃同歸即以其秊十月八日合葬于邛山之南原禮也
廡子待問待賓等八荀齊價五日同悲感風樹之徒攀悼霜穹
之莫許削豊珪以紀德播芳徽於泉路其詞曰
珠蹕啓䏃白水飛英仁賢雜沓秀異繼攢爰洎我祖衡華挺生
於惟厥考佩實揚聲一其飛謡海甸宣才江澳雅政清夷仁風肅
穆英〻君子鸞鳳其族長逵千里微班尺木二其觀危折路斂轡
方還開扉面洛製宅臨山琴酒交阮詞筆齊班宦情遼落逸志
恭閑三其雅趣何窮藏舟忽謝瑟琴同[illegible]泉扃厚夜煙生松柏草

PT/849　張客墓誌　佚名撰

唐上元三年（676）十月八日葬　河南省洛陽市出土

清末民國拓本　1張　51 cm×52 cm

正書

首題： 唐嶲州邛都丞張君墓誌之銘

PT/850　賈整墓誌　佚名撰

唐儀鳳二年（677）七月二十五日葬　河南省洛陽市出土

清末民國拓本　1張　56 cm×56 cm

正書

首題：大唐故常州江陰縣丞賈府君墓誌銘并序

鈐印：澹盦金石

PT/852 穆宜長磚誌 佚名撰

唐儀鳳三年（678）四月十日葬　河南省洛陽市出土

清末民國拓本　1張　35 cm×35 cm

正書

PT/851　司馬道墓誌　佚名撰

唐儀鳳三年（678）五月二十七日葬　河南省洛陽市出土

清末民國拓本　1張　46 cm×46 cm

正書

首題： 唐故司馬處士墓誌銘并序

唐故王君墓誌銘并序
儀鳳三年歲次戊寅十二月癸未朔廿日壬申

PT/854　王文曉墓誌　佚名撰

唐儀鳳三年（678）十二月二十日葬　河南省洛陽市出土

清末民國拓本　1張　49 cm×49 cm

正書

首題：唐故王君墓誌銘并序

PT/855　姬恭仁墓誌　佚名撰

唐儀鳳四年（679）三月［十一日］葬　河南省洛陽市出土

清末民國拓本　1張　42 cm×40 cm

正書

首題： 大唐儀鳳四年歲
倉永齡題簽： 癸亥十二月得

PT/853　王留墓誌　佚名撰

唐儀鳳四年（679）五月五日葬　河南省洛陽市出土

清末民國拓本　1張　38 cm×37 cm

正書

首題： 王君諱留字留生墓誌銘并序

鈐印： 倉氏金石文字

倉永齡題簽： 石在洛陽存古閣；庚申得

PT/597　王慶墓誌　佚名撰

唐調露元年（679）八月十二日葬　河南省洛陽市出土

清末民國拓本　1張　44 cm×44 cm

正書

首題： 唐故將仕郎王君墓誌銘并序

大唐故營州都督上柱
國漁陽郡開國公孫管
俊墓誌
諱俊城陽人也乾封二
年五月廿日終於私第
春秋一十有三以調露
元年十月十四日於鷄
鳴埠禪師林左起塔

ST/595　管俊墓誌　佚名撰

唐調露元年（679）十月十四日葬　陝西省西安市出土

清拓本　1張　27 cm×34 cm

正書

首題：大唐故營州都督上柱國漁陽郡開國公孫管俊墓誌

鈐印：惪齋藏石

倉永齡題簽：癸亥得於津門；楊震東贈

PT/596　張仁墓誌　佚名撰

唐調露元年（679）十月二十三日葬　陝西省西安市長安區出土

清末民國拓本　1張　46 cm×46 cm

正書

首題：大唐故辰州辰溪縣令張君墓誌并序

鈐印：倉永齡印、倉氏金石文字

PT/493　杜秀墓誌　佚名撰

唐調露元年（679）十月二十五日葬　河北省石家莊市鹿泉區出土

清末民國拓本　1張　64 cm×39 cm

正書

額題：大唐故御史杜君墓誌之銘

鈐印：澹盦所藏金石

倉永齡題簽：庚申年得

ST/491　泉男生墓誌并蓋　（唐）王德真撰　（唐）歐陽通書

唐調露元年（679）十二月二十六日葬　河南省洛陽市出土

民國十一年至十二年（1922—1923）拓本　2張　89 cm×89 cm，94 cm×94 cm（蓋）

正書，蓋篆書

蓋題：大唐故特進泉君墓誌

首題：大唐故特進行右衛大將軍兼檢校右羽林軍仗内供奉上柱國卞國公贈并州大都督泉君墓誌銘并序

鈐印：澹盦

倉永齡題簽：

誌：洛陽新出；癸亥年所得

蓋：周刻花文二層，極工細。同時出戴令言誌蓋，亦刻花文二層，誌四周尚有花文，墓誌中罕見

大唐故特進行右衛大將軍兼檢校右羽林軍仗內供奉上柱國卞國公贈幷州大都督泉君墓誌銘并序
中書侍郎兼檢校相王府司馬王德真撰 朝議大夫行司勳郎中上騎都尉渤海縣開國男歐陽通書
若夫虹光韞石即任土而輝山蠙照涵波亦因川而媚水洎乎排朱閣登紫蓋騰輝自遠踰十乘於華軒表價增高歉五城
於輿壤況復珠躔角亙垂晷宿之精芒碧海之罕感名山之氣色舉鍾秉順之境盪觴君子之源抱俎豆而窺律呂慷錦繡
而登廊廟移根蟠壑中大廈之隆杜輈職加庭奉元戎之切寄與夫隋珠厲楂楚璧緘繩豈同年而語矣於下國公斯見之
焉公姓泉諱男生字元德遼東郡平壤城人也原夫遠系本出於泉既託神以隤祉遂因生以命族其猶鳳產丹穴發奇文
於九苞鶴起青田稟靈姿於千載是以空桑誕懿虛竹隨波並降乾精式標人傑遂使洪源控引態掩金樞曾堂延袤勢臨
瓊檻曾祖子遊祖太祚並任莫離支父蓋金任太大對盧乃祖乃父良冶良弓並執兵鈐咸專國柄桂婁盛業赫然之替之
資蓬山高視確乎伊霍之任公貽厥傳慶弁憤乃王公之孫宴翼聯華沛郡爲荀令之子在髫無弄處非不群乘衛環之車
塗光玉粹綴陶謙之帛里勝珠紛襟抱散朗標寄傳廣峻不疵於物議通不滞於時機書劍雙傳提蔴與截蒲俱妙琴
碁兩翫鴈行与鶴迥同傾體仁成勇龍迸雷驚波於禹鑿天經不匱教乃由生王道無私忠爲令德澄
陂萬頃游者不測其淺深縹垣九仞談者未窺其庭宇年始九歲即授先人父任爲郎正入褫之辯天工其代方昇結艾
之榮年十五授中裏小兄十八授中裏大兄年廿三改任中裏位頭大兄廿四兼授將軍餘官如故廿八任莫離支兼授三
軍大將軍卅二加太莫離支總錄軍國阿衡元首紹先疇之業士識歸心執危邦之權人無駁議于時蘿圖御寓楛矢蓄
期公照花照萼內有難除之草爲幹爲楨外有將顛之樹遂使桃海之濱隳八條於禮讓蕭墻之內落四羽於干戈公情思
內款事乖中執方欲出撫邊甿外巡荒甸按鷁舊壤請義仲之新官二弟產建一朝兇悖能忍無親稱兵內拒金環幼
子忽就鯨鯢玉膳長筵俄聲頓復公以共氣分既飲淚而飛檄同盟雨集遂銜膽而提戈將屠平壤用擒元惡始達烏骨
之郊且破瑟堅之壘明其爲賊鼓行而進仍遣大兄弗德等奉表入朝陳其事延屬有離叛德遂稽留公乃反旆遼東移軍
海北馳心丹鳳之闕飭躬玄菟之城更遣大兄冉有重申誠效曠林積怨先尋閼伯之戈洪池近遊豈貪窶藪之劍
皇帝照彼青丘亮其丹懇覽建產之罪發雷霆之威丸山未銘得來表其先覺梁水無尋仲謀憂其必亡乾封元年公又遣
子獻誠入朝帝有嘉焉遙拜公特進太大兄如故平壤道行軍大摠管兼使持節安撫大使領本蕃兵共大摠管契
苾何力等相知經略公率國內等六城十餘萬戶書籍轅門又有木底等三城希風共款蒙尒危矣日窮月蹙二年奉
勅追公入朝總章元年授使持節遼東大都督上柱國玄菟郡開國公食邑二千戶餘官如故小貊未夷方傾巢鷇之藪
大君有命還歸蓋馬之營其年秋奉勅共司空英國公李勣相知經略風驅電激直臨平壤之城前哥後舞遙振
墉之堞公以罪罪吊人憫其塗地潛機密搆濟此膏原遂與僧信誠等內外相應趙城拔幟豈勞韓信之師鄭扇抽關自結
蒙譚之將其王高藏及男建等咸從俘虜巢山潛海共入隄封五部三韓並爲臣妾遂能立義斷恩同鄭伯之得雋又禍成
禍類甚子之嘯庸其年与英公李勣等凱入京都策勳飲至獻捷之日男建將誅公內切天倫請重闈而蘇蔡州上感
皇睠就輕典而流共工友悌之極朝野斯尚其年蒙授右衛大將軍進封卞國公食邑三千戶特進勳官如故兼檢校右羽
林軍仍令仗內供奉降禮承優登壇拜桓珪韜中黃之瑞羽林光太紫之星陪奉輦輅便繁左右恩寵之隆無所与讓暨
勝之寄其可爲傳儀鳳二年奉勅存撫遼東改置州縣求瘼䘏隱襁負如歸劃野疏疆奠川知正以儀鳳四年正月
廿九日遘疾薨於安東府之官舍春秋卌有六震慟傷輦台衛悉笛四郡由之而罷市九種因之以輟耕
詔曰懋功流賞寵命洽於生前縟禮贈終哀榮賁於身後式甄忠義豈隔存亡特進行右衛大將軍上柱國卞國公泉男生
五部酋豪三韓英傑機神穎悟識具沉遠秘策發於衿謀宏林申於武藝僻居荒服思劾款誠去危就安允叶變通之道以
順圖迷克清遼泪之濱美勳遐著崇章薦委入典北軍承宴私於紫禁出臨東陲光鎮撫於青丘佇化折風遽先危露興言
永逝震悼良深宜增連率之班載穆追崇之典可贈使持節大都督幷汾箕嵐四州諸軍事幷州刺史餘官並如故所司備
禮冊命贈絹布七百段米粟七百石凶事葬事所須並宜官給務從優厚賜東園秘器差京官四品一人攝鴻臚少卿監護
儀仗鼓吹送至墓所往還五品一人持節賫璽書吊祭三日不視事靈柩到日仍令五品已上赴宅寵贈之厚存没增華哀
送之盛古今斯絶考功累行謚曰襄公以調露元年十二月廿六日壬申窆於洛陽邙山之原禮也哀子衛尉寺卿獻誠風
奉庭訓早紆朝獻拜前拜後周曾之寵既隆知死知生吊贈之恩彌縟若荼吹棘踐霜移露痛遠徹之顯傾哀負趍之潛
慶毀魏墳之舊漆落漢臺之後素刊琴琬而傳芳就黃壚而永固其詞曰
三岳神府十洲仙庭谷王產傑山祇孕靈訏謨圖緯烏弈人經錦衣繡服議主詳刑其一 伊人閶出承家疊祉嬌嬌鳳雛昂昂
驥子韞智川積懷仁岳峙州牧鷹刀橋翁授履其二 消濯務優郢霊家深文旌執柄武轄掾鈴荊樹鶵起臺川鴈沉既傷友袂
且恨移衾其三 肅景麟洲輸誠鳳闕朝命光寵 天威吊伐殄寇瞻星行師計月長驅歸獻凱哥還
謁其四 彎弧對泣叫闔祈帝蹇從秋蘂復開春棣鏘玉高祛衛珠近衛寶劍舒蓮香車裊桂其五 軒軒出撫重錦晨遊抑揚穢宄
提封疊洲贍威仰惠望景思柔始譪來軸俄慌去輈其六 緘草勤王聞鼙悼辰九原容衛三河兵士南望少室北臨太史海
就泉通山隨墓起其七 霜露年積春秋日居墳圍月滿野曠風疎幽壤勒頌貞琰壓書千齡暐曄一代丘墟其八

PT/494 法樂墓誌 佚名撰

唐永隆二年（681）三月二十三日葬　陝西省西安市出土

清末民國拓本　1張　35 cm×35 cm

正書

首題： 大唐濟度寺故比丘尼法樂法師墓誌銘并序

鈐印： 澹盦金石

倉永齡題簽： 庚申得

PT/497 李才仁墓誌 佚名撰

唐永淳元年（682）七月十八日葬 陝西省西安市出土

清末民國拓本 1張 43 cm×43 cm

正書

首題：大唐故正議大夫李府君墓誌銘并序

鈐印：倉永齡印

PT/496　李元軌墓誌　（唐）馮鴻撰

唐永淳元年（682）七月二十九日葬　河南省洛陽市出土

清末民國拓本　1張　44 cm×44 cm

正書

首題： 唐故秘書省校書郎趙郡李君墓誌銘并序

倉永齡題簽： 癸亥十二月得

PT/498　蘭師墓誌并蓋　佚名撰

唐永淳元年（682）八月二十四日葬　河南省洛陽市出土

清末民國拓本　2張　52 cm×50 cm，37 cm×37 cm（蓋）

正書，蓋篆書

蓋題：大唐故蘭君墓誌之銘

首題：唐故僕寺廐牧署令蘭君墓誌銘

鈐印：倉氏金石文字、永齡私印

倉永齡題簽：石在洛陽存古閣；庚申得

PT/495 康磨伽墓誌 佚名撰

唐永淳元年（682）十月十四日葬　河南省洛陽市出土

清末民國拓本　1張　58 cm×58 cm

正書

首題： 大唐故游擊將軍康府君墓誌銘并序

鈐印： 倉氏金石文字

PT/500　康留買墓誌并蓋　佚名撰

唐永淳元年（682）十月十四日葬　河南省洛陽市出土

清末民國拓本　2張　59 cm×58 cm，41 cm×43 cm（蓋）

正書，蓋篆書

蓋題：大唐故游擊將軍康府君墓誌

首題：大唐故游擊將軍守左清道率頻陽府長上果毅康府君墓誌銘并序

鈐印：倉氏金石文字

大唐故游擊將軍守左清道率頻陽府長上果毅康府君墓誌銘并序
粵若漢圖方運西河稱有地之君晉祚中微東洛竊非常之号豈如聲
高千角名官分璽政之朝氣權三邊冠冕列皇唐之代猗歟盛歟信
康君之謂矣公諱留買本即西州宋戚族(?)後因錫命遂為河南人焉曾
祖感涼州刺史祖延德安西都護府果毅父洛皇朝上柱國並風格
秀擬岳峙川渟分(?)龍奇於銅符表奇材於鐵騎窮通有數多違萬里之
心時命難并終同百夫之長公珪璜積慶負閒氣以挺生將相有門紹
雄姿而命代恥為雌伏志在雄飛傾意氣以接權豪懷功名而重書劍
皇家受匈奴背德負地險以徵靈誅悖天常而悲惠化名遂役徵出將
振干(?)臨戎羽騎飛馳鐃頭霧集玉旅金縢之術出自於中襟三宮七舍
起(?)衝梢之於後殿掃雞林而捨遺卵瞥距無施窮翰海而斬巨鯨翻飛
自息旅師返斾獻捷之京詔授游擊將軍守左清道率頻陽府果毅
北門長上載加榮命頻降璽書聲寶冠於五營問望同於四友嗚呼山
河亭去方中大樹之榮霧露沈痾遽見畢其老(?)化以永淳元年七月十
七日構疾薨于洛陽之第即以其年十月十四日歸窆於河南平樂之
氣唯公星芒誕曜岳秀資神磊落多異材綢儻負奇節記危魂於白刃
本(?)輕生効忠款游丹誠絲期報國幽閨道豐嘉生還云亡丘壟從
悲夜壽育(?)子伏膺肆心柴毀載傷追遠之情藁見縈形用結終身之痛
沐(?)為日來月往終迷壯士之墳海變山藏誰辯將軍之墓爰彫翠石式
敘鴻規其文曰瞻慶源之淼淼紹芳緒之綿綿勝氣雄於十角雅望
重於三邊或班名於左次或委質於中權挂瑋特達纓冕蟬聯應千齡
之寶契降五百之英賢識公像之必復知玉帛之□傳擢七載於揮清
照五色於藍田伊匈奴之背德攜逆跡而無悛天子有命君其出焉
西餘勇塞北旌旗決勝踰於百戰制敵同於萬全碎韍韞於桐野赫
升於祁連震同兵而勲衆罷漢乎以言旋職惟再從榮高五遷何輸仁
之空設嘵報施之徒德徵猶文從於地下涼地歸於上天豈清規之□
顧翠石以長鐫一

PT/588 趙義墓誌 （唐）王允元撰

唐永淳元年（682）十一月二十五日葬　河南省洛陽市出土

民國拓本　1張　53 cm×53 cm

正書

首題： 大唐故淄州高苑縣丞趙君墓誌銘并序

PT/589　扶餘隆墓誌　佚名撰

唐永淳元年（682）十二月二十四日葬　河南省洛陽市出土

民國拓本　1張　58 cm×58 cm

正書

尾題：大唐故光禄大夫行[太常卿]使持節熊津都督帶方郡王扶餘君墓誌

PT/590　王光墓誌　佚名撰

唐永淳二年（683）正月二十四日葬　陝西省西安市出土

清末民國拓本　1張　34 cm×34 cm

正書

首題： 大唐大慈恩寺故大德大［乘］光法師墓誌銘

鈐印： 澹盦金石

PT/591　王君妻李氏墓誌　佚名撰

唐永淳二年（683）[四] 月二十八日葬　河南省洛陽市出土

清末民國拓本　1張　33 cm×34 cm

正書

PT/592　孟君妻麻氏墓誌　佚名撰

唐永淳二年（683）十一月十七日葬　河南省洛陽市出土

清末民國拓本　1張　36 cm×36 cm

正書

首題： 唐故孟氏麻夫人銘并序

PT/593　孫通墓誌　佚名撰

唐文明元年（684）七月十二日葬　河南省洛陽市出土

清末民國拓本　1張　43 cm×45 cm

正書

首題： 大唐上柱國孫君墓誌并序

鈐印： 澹龕收藏

大唐故管公墓誌并序
夫萬物消息乘陰陽而作象千齡不朽資德行而流名非竹帛
無以紀其功寄雕鐫可以彰其美君諱基字阿菟洛州河南人
也器識宏通神韻凝遠尚履端秀風度詳整孝友表於冥資忠
誠符於令德讓撝居體恭慎爲懷處儉絶詭遇之情在泰無驕
矜之色立松筠之節執金石之心曾建祖貴父鄉其先平原人
也並承積德之美鍾川岳之靈器宇宏深幾神明秀行爲士則
言表身文貞固之心白珪非重然諾之信黃金已輕故美聲播
於鄉閭英名流於雅俗君幼而明敏鄉譽高於友朋長而懸悌
孝敬流於覆載方當撫翼雲衢驤首天路而輔仁莫驗福善徒
言未申大夏之材遽奄荊山之玉以垂拱二年五月九日染疾
先縈辛于景行坊本第春秋六十有六即以其年歲次景戌六
月乙巳朔四日壬申葬于洛城北平樂鄉之堺徒使瞰洛踞邙
無復登臨之望瞻崤眺渭永絶遊陟之蹤可謂薤露將垂吏切
田橫之歎白駒流隙有感莊叟之悲嗚呼哀哉乃爲銘曰
平生好勇俠志遊從身期百載奄入千重本良家子臨蹈推蹤
即今泉壤無昔時容其一爲人愛友興洞堂離林傾竹萎山折桂
蘭生死既異行路心酸泉門無曉宅兮盤桓其二春帳恒冷夜詎
言朝太山即日潯陽未遥對罇誰飲横琴不調何期名滅永絶
相邀其三昔窮途泣今歧路悲河梁揮袂函谷餞眉地非秦隴腸
斷即時迷邑背絶相對無期其四靈轜背洛神旐歸邙人悲泣淚
猿啼斷腸松門慘惻原野蒼茫雲愁翠嶺風悲白楊其五
垂拱二年歲次景戌六月乙巳朔四日壬申禮葬
也

PT/594　管基墓誌　佚名撰

唐垂拱二年（686）六月四日葬　河南省洛陽市出土

清末民國拓本　1張　48 cm×48 cm

正書

首題：大唐故管公墓誌并序

倉永齡題簽：癸亥十二月得

PT/598　吉懷惲墓誌　佚名撰

唐垂拱三年（687）閏正月二十五日葬　河南省洛陽市出土

清末民國拓本　1張　42 cm×42 cm

正書

首題： 唐故東宮左勳衛騎都尉宣義郎馮翊吉君墓誌銘并序

鈐印： 澹龕

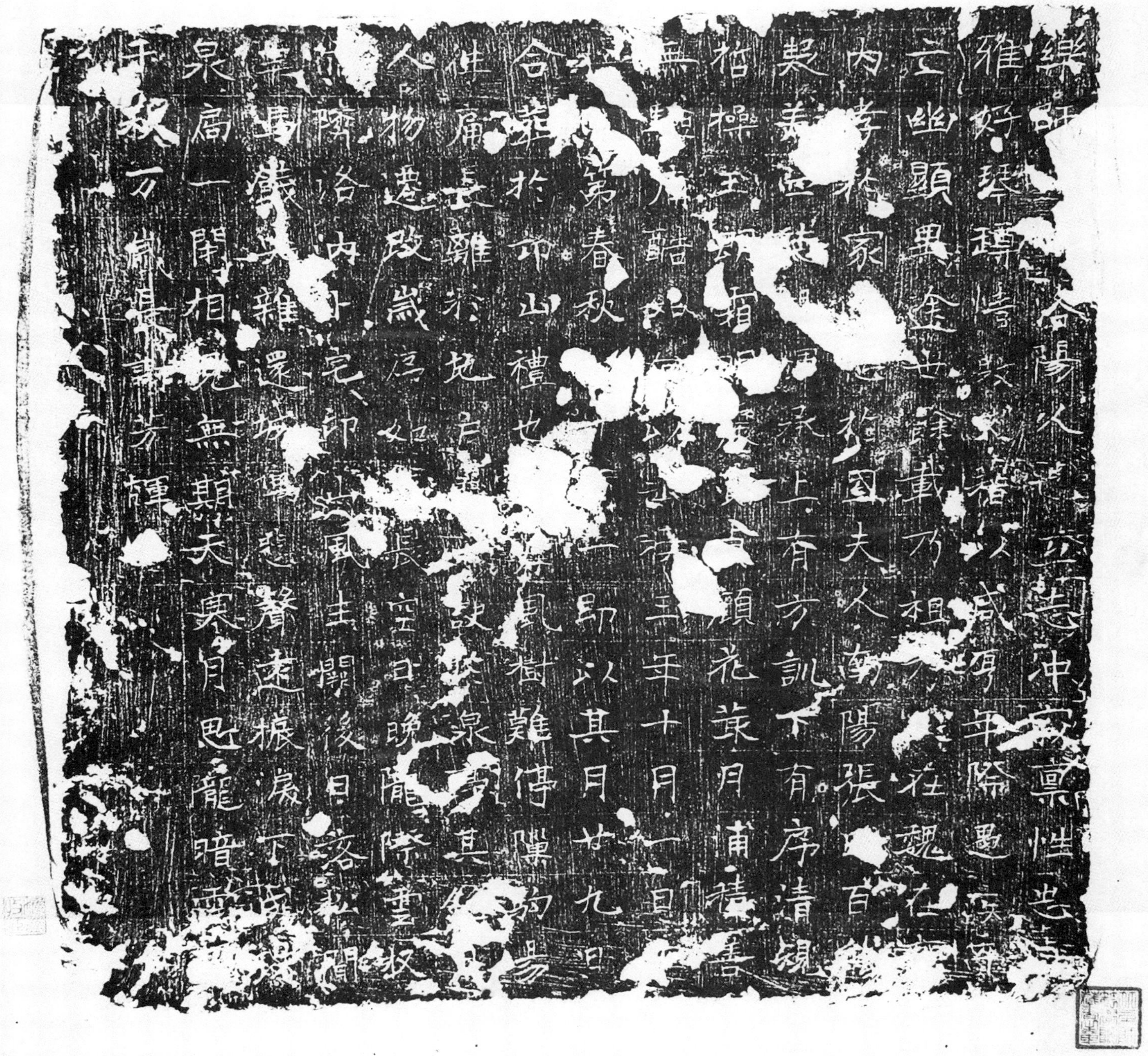

PT/599　樂師□君及妻張氏合葬墓誌　佚名撰

唐垂拱三年（687）十月二十九日葬　河南省洛陽市出土

清末民國拓本　1張　39 cm×39 cm

正書

複本：PT/600

鈐印：澹盦收藏
倉永齡題簽：戊午

PT/601　李善智墓誌　佚名撰

唐垂拱四年（688）正月二十三日葬　河南省洛陽市出土

清末民國拓本　1張　51 cm×51 cm

正書

首題： 唐故懷州河內縣丞李府君墓誌銘并序

倉永齡題簽： 癸亥十二月得

PT/602　吕行端墓誌　佚名撰

唐垂拱四年（688）七月十七日葬　河南省洛陽市出土

清末民國拓本　1張　42 cm×42 cm

正書

首題： 大唐汲郡吕君墓誌銘并序

倉永齡題簽： 癸亥十二月得

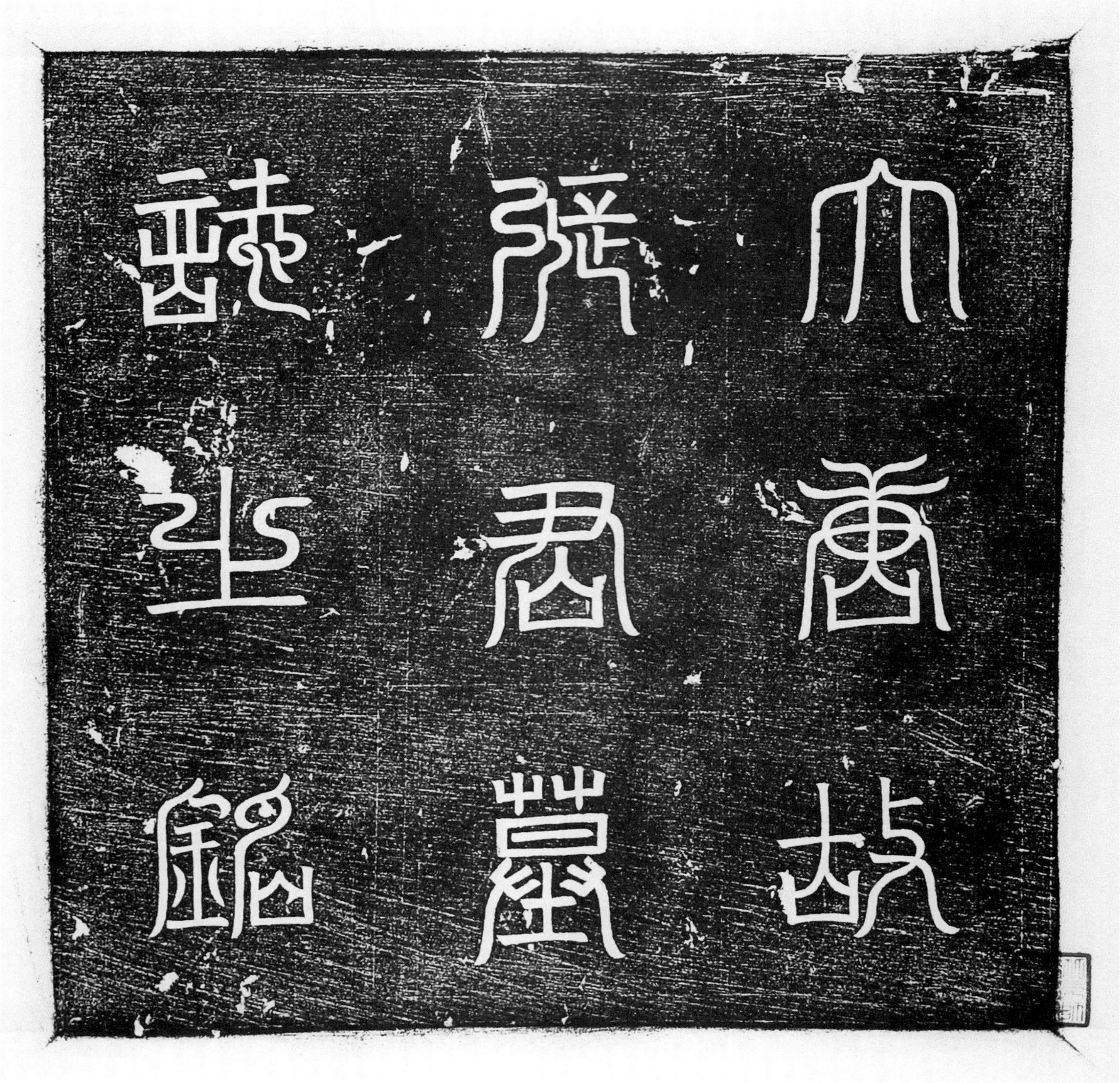

PT/603 張安安墓誌并蓋 佚名撰

唐垂拱四年（688）十月二十四日葬 陝西省西安市長安區出土

清末民國拓本 2張 43 cm×43 cm，32 cm×32 cm（蓋）

正書，蓋篆書

蓋題：大唐故張君墓誌之銘
首題：大唐上柱國故張君第五息墓誌銘并序
倉永齡題簽：庚申得於都門

大唐上柱國故張君第五息墓誌銘并序
君諱安安本系南陽即爲白水望也因居北里遂
是赤縣人焉若夫代襲榮貴佩印珥貂彰其寵門
多詞筆銘劔賦鵬擅其才盛烈已振於芳聲清規
無煩於潤色洒祖洒父天機天繼位或光於文秩
勳則重於戎班君岐然誕靈生鳳毛而流彩卓介
標秀挺麟角以含章温恭表於髫年孝友彰於卝
歲閑庭驪步始延輝於謝玉逝水流目遽沈彩於
掌珠嗚呼哀哉生平已矣年甫弱冠溺于灞滻嗟
乎灞川殊於洹水忽有夢瓊之泣狄岸異於蜀江
翻同化碧之歎雖卜筮言吉已樹孤墳而考妣難
違將陪大墓垂拱四年十月廿四日遷龍首原禮
也假使夜臺寂寂何代何年穸室沈沈誰家誰地
猶冀金鷄告曙重昭晨省之儀玉狗鳴幽載崇昏
定之禮孔懷等悲分武類既勒石而銜酸痛共鴈
行爰紀銘而茹感詞曰　金鈎降祥石印傳
芳載誕君子儼然容止趨庭奉問從第承訓孝極
懷橘才兼夢筆言遠素里暫涉玄灞奄弃小年俄
歸大夜遷神馬鬣改卜龍首考妣同塋天長地久

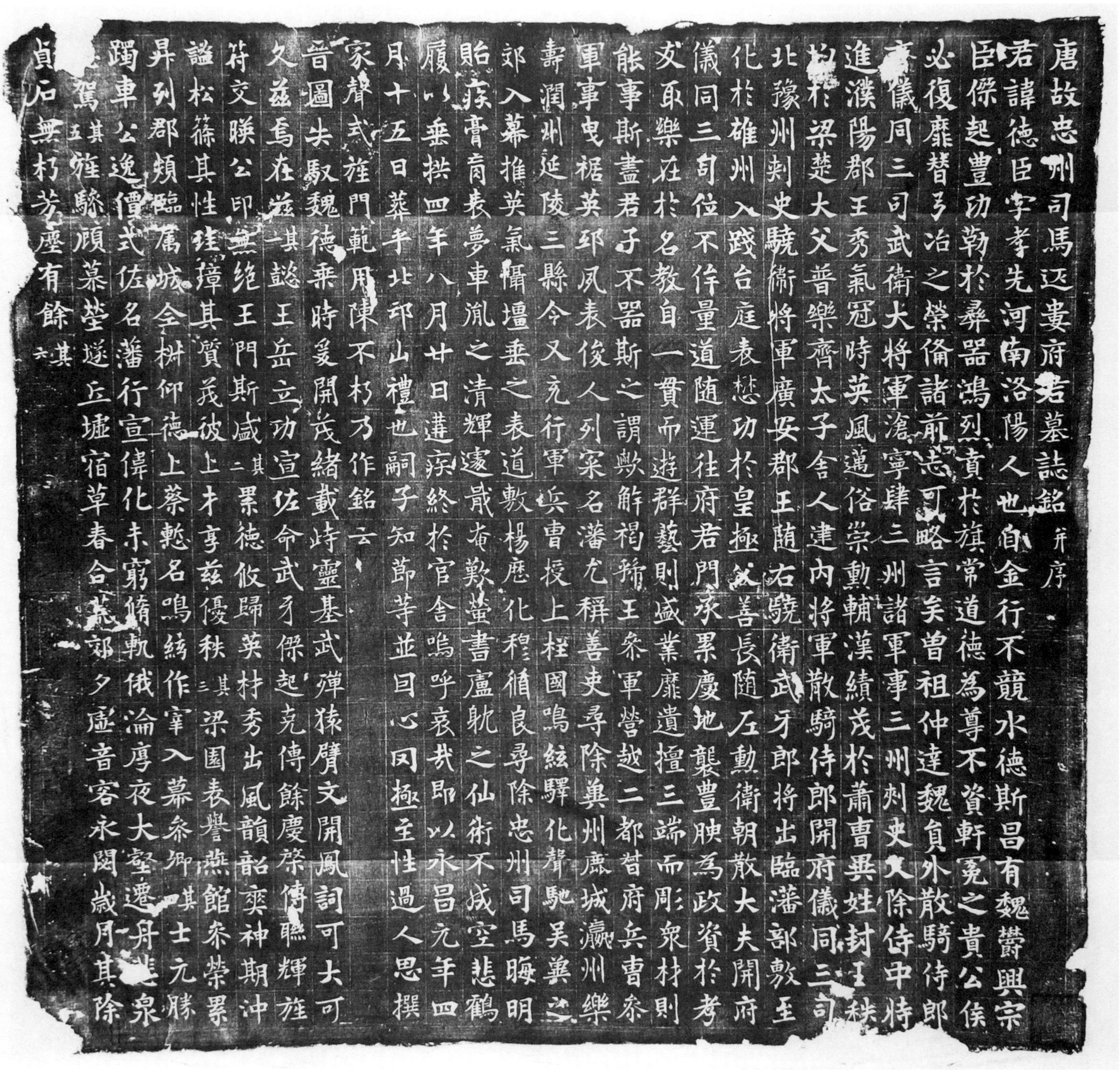

唐故忠州司馬迊婁府君墓誌銘并序
君諱德臣字孝先河南洛陽人也自金行不競水德斯昌有魏興宗
臣傑起豐功勒於彝器鴻烈貴於旗常道德爲尊不貲軒冕之貴公侯
必復靡替多治之榮備諸前志可略言矣曾祖仲達魏負外散騎侍郎
齊儀同三司武衛大將軍滄寧肆三州諸軍事三州刺史又除侍中特
進漢陽郡王秀氣冠時英風邁俗崇勳輔漢績茂於蕭曹異姓封王秩
均於梁楚大父普樂齊太子舍人遷內將軍散騎侍郎開府儀同三司
北豫州刺史驍衛將軍廣安郡王隨右驍衛武牙郎將出臨藩部敷至
化於雄州入踐台庭表懋功於皇極父善長隨左勳衛朝散大夫開府
儀同三司位不伴量道隨運往府君門承累慶地襲豐腴爲政資於孝
友取樂在於名教自一貫而遊群藝則盛業靡遺擅三端而彫衆材則
能事斯盡君子不器斯之謂歟解褐絳王參軍營趙二都督府兵曹參
軍事曳裾英邸夙表俊人列家名藩允稱善吏尋除冀州鹿城瀛州樂
壽潤州延陵三縣令又充行軍兵曹授上柱國鳴絃驛化聲馳吴冀之
郊入幕推英氣偪壇垂之表道敷楊歷化程循良尋除忠州司馬晦明
貽疾膏肓表夢車瀩之清輝遽戢奄歎螢書盧軌之仙術不成空悲鶴
履以垂拱四年八月廿日遘疾終於官舍嗚呼哀哉即以永昌元年四
月十五日葬于北邙山禮也嗣子知節等並日心罔極至性過人思撰
家聲式旌門範用陳不朽乃作銘云
晉圖失馭魏德乘時爰開茂緒載峙靈基武殫猿臂文開鳳詞可大可
久茲焉在茲其一懿王岳立功宣佐命武牙傑起克傳餘慶傑傳聯輝旌
符交映公印無絕王門斯盛其二累德攸歸英材秀出風韻韶奕神期冲
謐松蓧其性珪璋其質茂彼上才享茲優秩其三梁園表譽燕館參榮累
昇列郡頻臨屬城全樹仰德上蔡懸名鳴絃作宰入幕參卿其四士元騁
躅車公逸價式佐名藩行宣偉化未窮脩軌俄淪夜大壑遷舟佳泉
驚其五旌駼頋慕塋隧丘墟宿草春合荒郊夕虛音容永閟歲月其除
貞石無朽芳塵有餘其六

PT/605　匹婁德臣墓誌　佚名撰

唐永昌元年（689）四月十五日葬　河南省洛陽市出土

清末民國拓本　1張　51 cm×51 cm

正書

首題：唐故忠州司馬匹婁府君墓誌銘并序

鈐印：澹盦

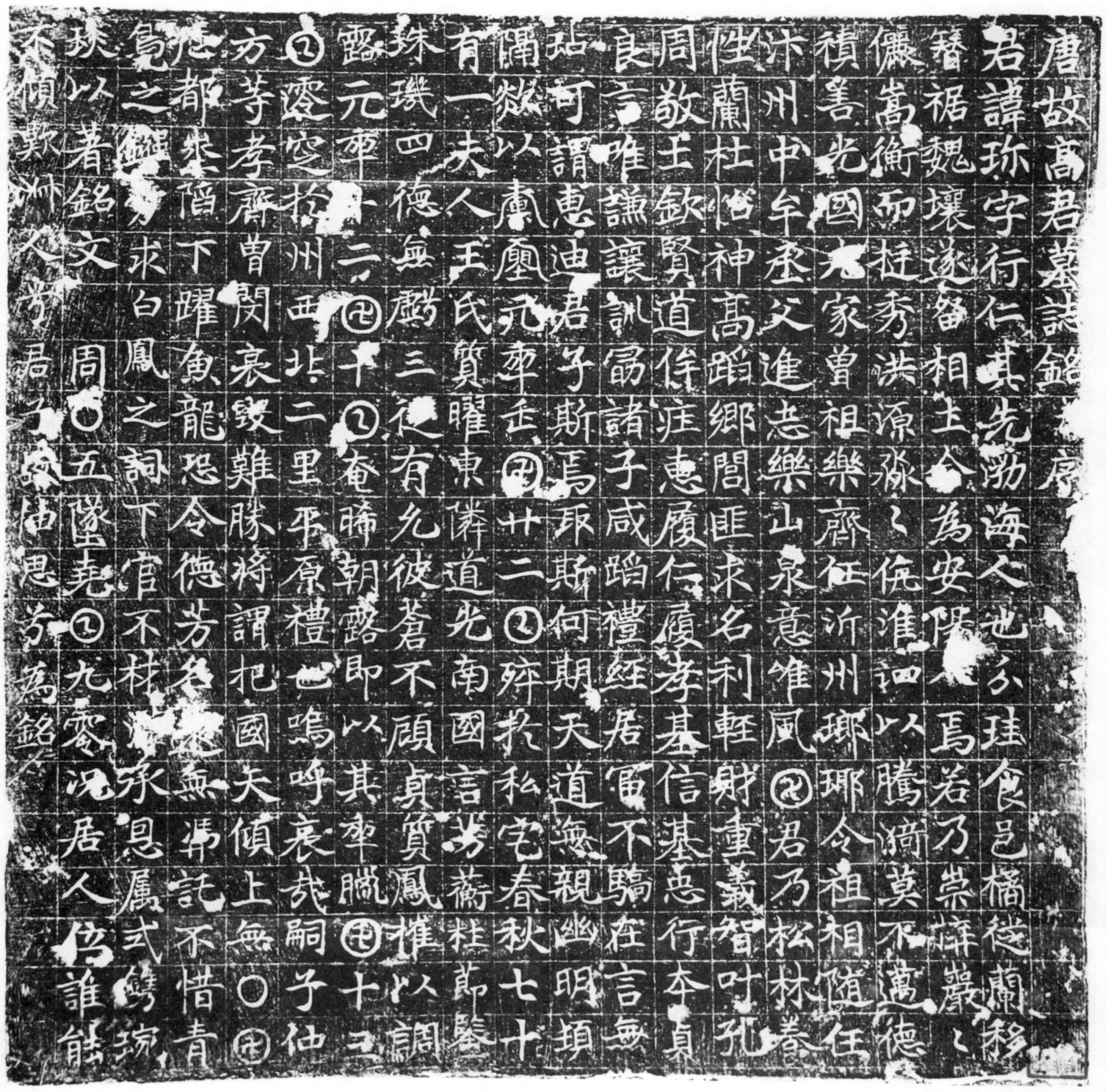

PT/607　高珍墓誌　佚名撰

唐載初元年（689）十二月十三日葬　河南省安陽市出土

清末民國拓本　1張　45 cm×44 cm

正書

首題：唐故高君墓誌銘并序

倉永齡題簽：在安陽

PT/608 格善義妻斛斯氏墓誌 佚名撰

唐天授二年（691）二月七日葬 河南省洛陽市出土

清末民國拓本 1張 48 cm×48 cm

正書

首題：大周故河南郡丞格善義妻斛斯氏墓誌并序

PT/609 張君妻田氏墓誌 佚名撰

唐天授二年（691）六月三日葬　陝西省咸陽市出土

清末民國拓本　1張　60 cm×57 cm

正書

首題： 大周朝散大夫上柱國行司府寺東市署令張府君妻田雁門縣君墓誌文

鈐印： 倉永齡印、澹盦金石

PT/610　王朋墓誌　佚名撰

唐天授二年（691）九月十八日合葬　山西省長治市壺關縣出土

清末民國拓本　1張　59 cm×59 cm

正書

首題： 大周故王府君墓誌銘并序

鈐印： 澹盦金石、倉永齡印

倉永齡題簽： 庚申得於都門

PT/611　王玄裕墓誌　佚名撰

唐天授二年（691）十月二十三日葬　河南省洛陽市出土

清末民國拓本　1張　48 cm×51 cm

正書

首題： 大周故上柱國太原王府君墓誌銘并序

鈐印： 澹盦

PT/612　焦松墓誌　佚名撰

唐天授二年（691）十月二十四日葬　河南省洛陽市出土

清末民國拓本　1張　50 cm×51 cm

正書

首題： 大周唐故文林郎焦府君墓誌銘并序

鈐印： 倉氏金石文字

ST/473　張玄弼墓誌并蓋　（唐）張柬之撰序　（唐）李行廉撰銘

唐天授三年（692）正月六日葬　湖北省襄陽市出土

清末拓本　2張　55 cm×52 cm，34 cm×34 cm（蓋）

正書，蓋篆書

蓋題：大唐襄陽郡張君墓誌

首題：唐故益州大都督府功曹參軍事張君墓誌銘并序

鈐印：澹盦收藏

唐故益州大都督府功曹參軍事張君墓誌銘并序

司元大夫李行廉撰

府君諱玄獎字神廷范陽方城人也閥閱遊宦之資詳之碣文別
傳五歲而孤志學伏膺於大儒谷那律律為諫議大夫紬書秘府
府君以明經擢第隨律典校墳籍八儒分畛五墨殊塗劉歆析九
流之區域鄭默辯三閣之同異五十五部卅四家訪寧朔之新書
禮窮莊敬覽南陽之統論易盡精微緘賁秋文委壹前記並登靈
府一以貫之逸思煙迴清飇霞舉言同神遇理叶而成七從職為
益州府功曹參軍事以賢良徵聘入甲科未拜職以龍朔元年五
月十九日終於洛陽春秋五十有五夫人吳興丘氏以永昌三年
九月三日終於私第春秋七十有九柬之識不逮遠稟質愚昧越
詩禮之訓承顧復之恩早預微班驅馳賤役自禍蒼昊諸弟皆幼
夫人勞斷織之訓深瑩指之慈刻心提耳孜孜不倦今蘭發玉渾
多從化往唯柬與晦僅存喘息三復規誡萬古不追奉夫人遺誨
使改卜新塋府君先定南山今移與夫人合塟於安養縣西相城
里之平原府君友人司元大夫李行廉撰銘柬之等不敢改易謹
刊李銘以存不朽其銘曰

廷尉名卿東阿良輔積慶鍾美清徽遐暢顯允哲人克標令望憲
章顏冉牢籠鄒向氣芳蘭芷價重璵璠望之逾肅即之也溫高情
月舉逸調霞軒彫章綺合縟藻星繁爰歷塋仕彈冠奉檄式佐名
邦盤根遽析乃昇州部平反著績孰謂蹄涔能申海擊濯纓金狄
主吏銅梁善立惟敬譏道以光白生虛室韜曜錐囊楚林佇秀遠
應明敭縱棹江波觀光洛浦調高文囿思盈書圃擢第金門淪軀
泉戶未終千日俄成萬古弔賓絮酒貞龜卜塋風急長原雲低荒
隧惟城莫啓幽埏永閟玄石圖徽芳塵不墜

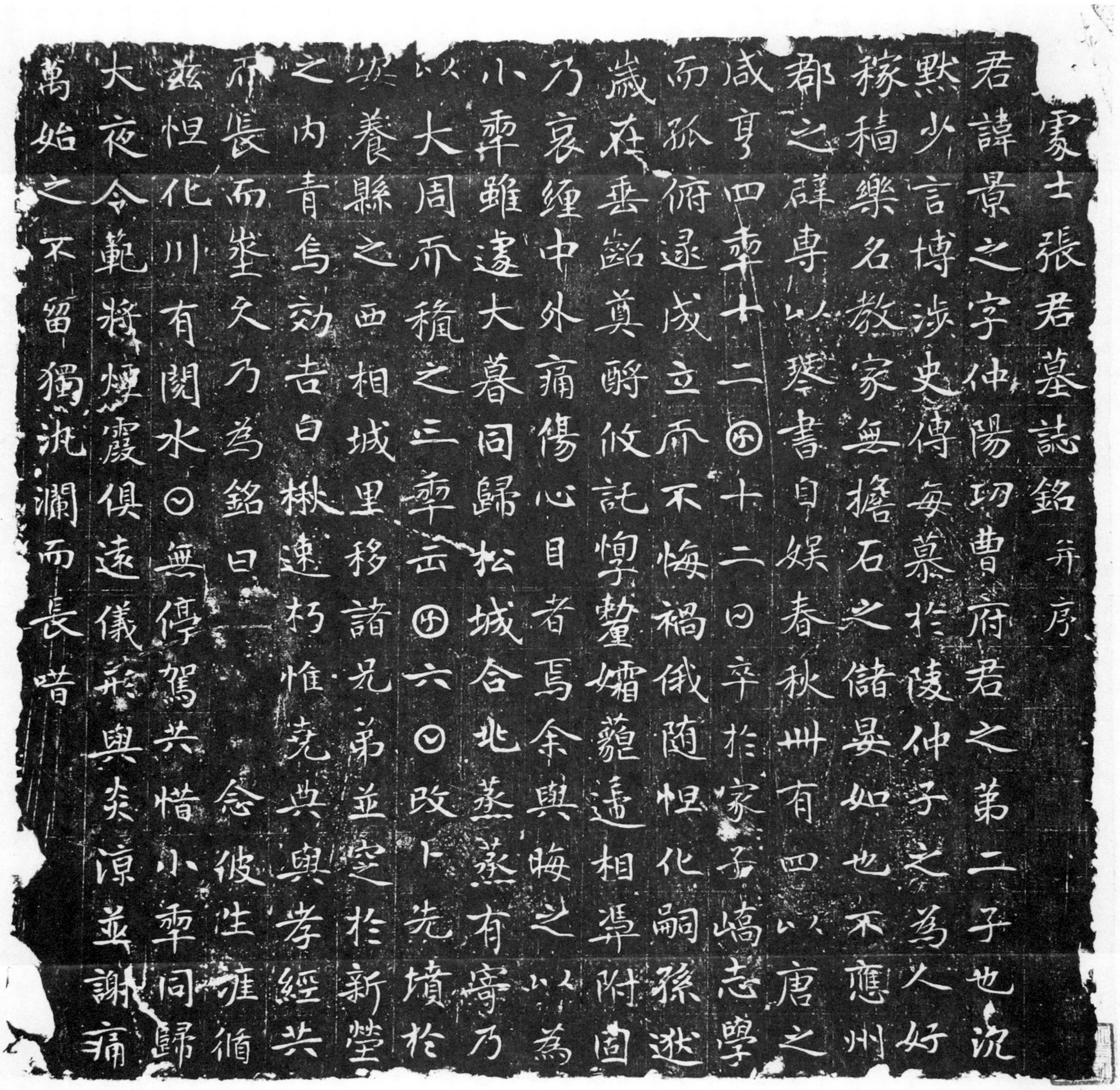

處士張君墓誌銘并序
君諱景之字仲陽瑯曹府君之第二子也沉
默少言博涉史傳每慕於陵仲子之爲人好
稼穡樂名教家無擔石之儲晏如也不應州
郡之辟專以琴書自娛春秋卌有四以唐之
咸亨四年十二月十二日卒於家子嶠志學
而孤俯逮成立天不悔禍俄隨恒化嗣孫逖
歲在垂齠奠酹攸託惸嫠孀藐遙相導附固
乃哀纏中外痛傷心目者焉余與晦之以爲
小年雖遠大暮同歸松城合北蒸蒸有寧乃
以大周天授之三年正月六日改卜先墳於
襄養縣之西相城里移諸兄弟並窆於新塋
之內青烏効吉白楸速朽惟堯典與孝經共
天長而地久乃爲銘曰　念彼生涯循
茲恒化川有閱水月無停駕共惜小年同歸
大夜令範將煙霞俱遠儀形與炎涼並謝痛
萬始之不留獨沉瀾而長暗

ST/618　張景之墓誌　佚名撰

唐天授三年（692）正月六日葬　湖北省襄陽市出土

清末民國拓本　1張　41 cm×42 cm

正書

首題：［唐］處士張君墓誌銘并序

鈐印：澹盦收藏

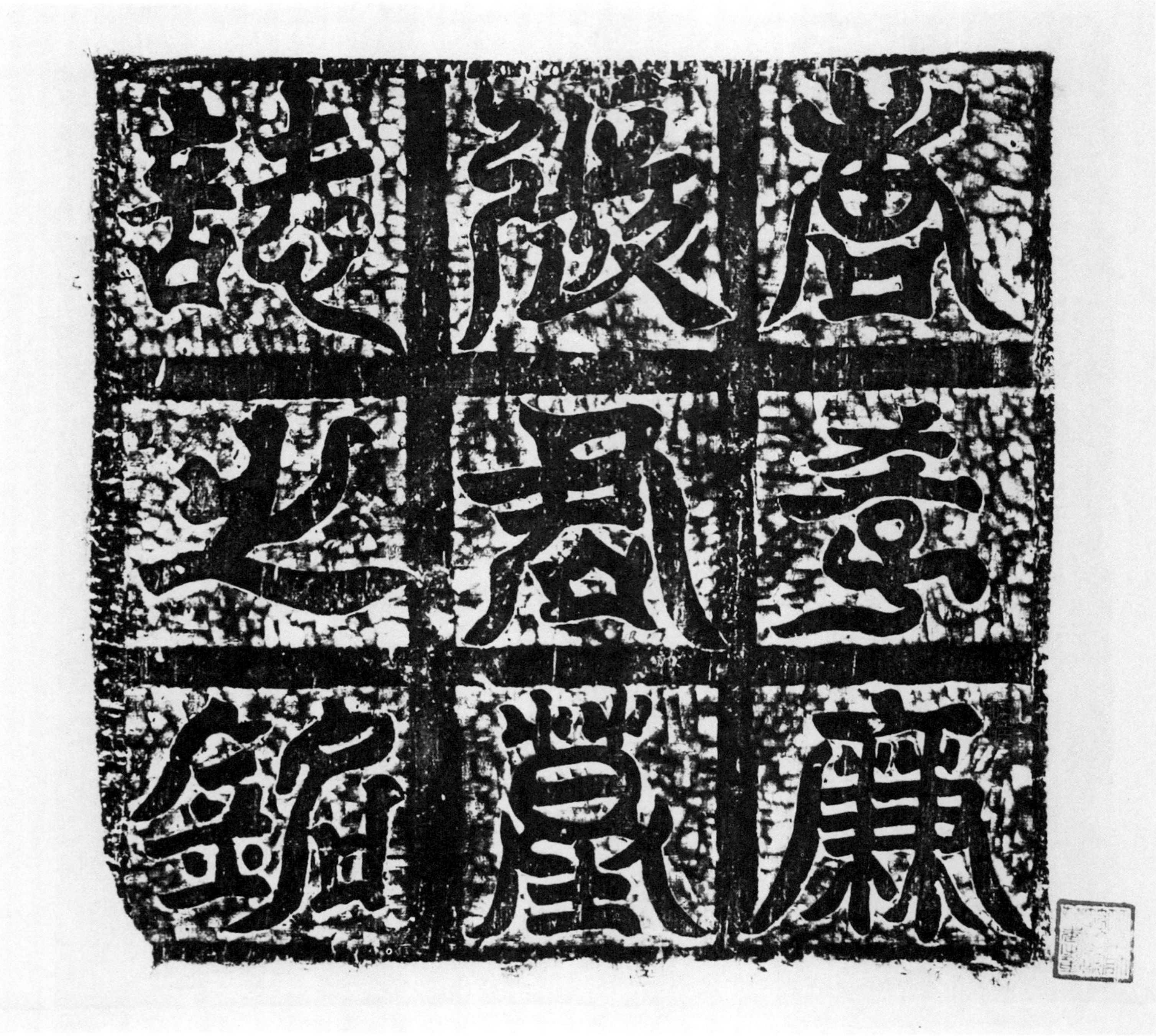

ST/616 張慶之墓誌并蓋 佚名撰

唐天授三年（692）正月六日葬　湖北省襄陽市出土

清末民國拓本　2張　41 cm×41 cm，28 cm×29 cm（蓋）

正書，蓋篆書

蓋題：唐孝廉張君墓誌之銘
首題：唐孝廉張君墓誌銘并序
鈐印：澹盦收藏

唐孝廉張君墓誌銘并序

君諱慶之字仲遠切曹府君之第三子也儀形簡秀風神峻整引義望於胸懷轉山泉於襟袖洽覽該略尤明左氏州辟孝廉不赴燒金未救夢珠徵禍春秋卅有二以唐之咸亨四年十月十七日卒於家以大周承稔之三年正月六日與妻京兆杜氏同改窆於安養縣西相城里君孝友之行冠絶等夷仁恕之情超邁群輩而伯道不嗣仲宣無後彼蒼者天孰云報施援翰雪泣用銘幽礎其詞曰

山以玉暉水因珠媚我有明哲烝烝匪匱彼美仲兮其心貞愿贈瓊化泣趍舟遂遠漢流東注驕岫西盤棣野風急鴒原日寒扣櫬遣車惟兄惟弟誰云不痛永絶遺體

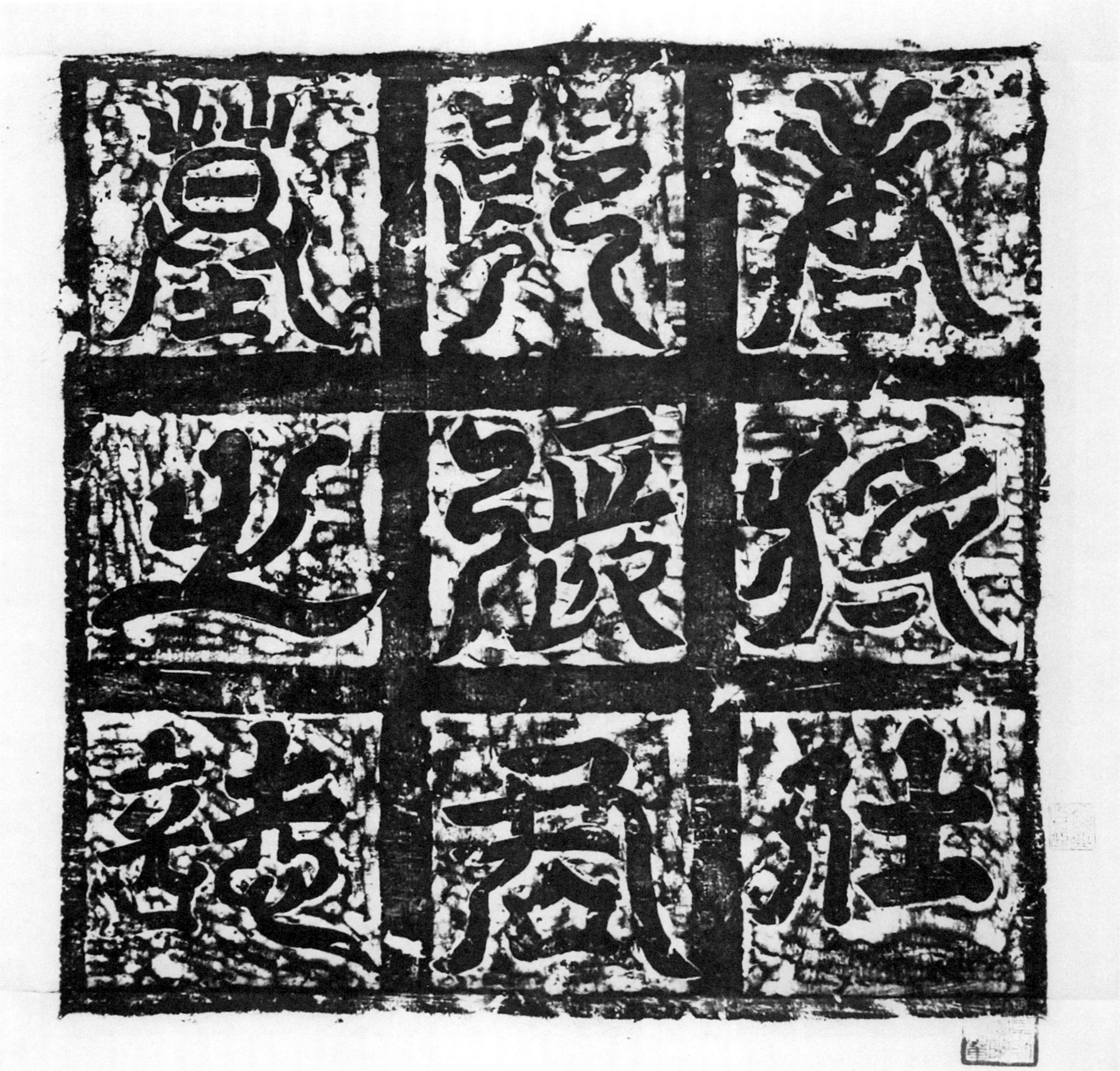

ST/614　張敬之墓誌并蓋　佚名撰

唐天授三年（692）正月六日葬　湖北省襄陽市出土

清末民國拓本　2張　50 cm×50 cm，32 cm×32 cm（蓋）

正書，蓋篆書

蓋題：唐將仕郎張君墓之誌
首題：唐將仕郎張君墓誌銘并序
鈐印：澹盦收藏

唐將仕郎張君墓誌銘并序
君諱敬之字紂謇功曹府君之第五子也耿介不
群文藻貫世年十一中書舍人王德本聞其俊材
當時有 制舉而下奇佚召與相見賦城上烏
勒歸飛二字仍遣七步成篇君借書於手不盈跬
息其詩曰靈臺自可依爰止竟何歸秖由城上冷
故向日輪飛王公嗟味乃推為舉首文昌以其年
幼第不入科以門蔭補成均生高第稽將仕郎非
好也遂與諸兄紬捘經史專以述作為務唐咸
亨四年六月十六日卒於家春秋廿五大周爾稽
之三年正月八日改窆於安養縣西相城里君未
及婚娶闕嗣永絕著書無荷戟之童刻石闕鸞環
之女執奠惟弟紀德乃兄撫櫬操觚歸咏攢集其
辭曰 楊嘗不秀顏子未實妙跡參微神機
入室差兮貢譽兮漢佚夢蛟翻紙雕龍散筆其一
陳東夜動馬帳晨開議深白觀言窮紫臺禍徽斷
石悲經贈哀道存金去石留王杯其二漾池東鶩鳴
山南拒燭手埋隨連城碎楚蕭飈風隧蒼茫日緒
仲兮紂兮胡寧忍予其

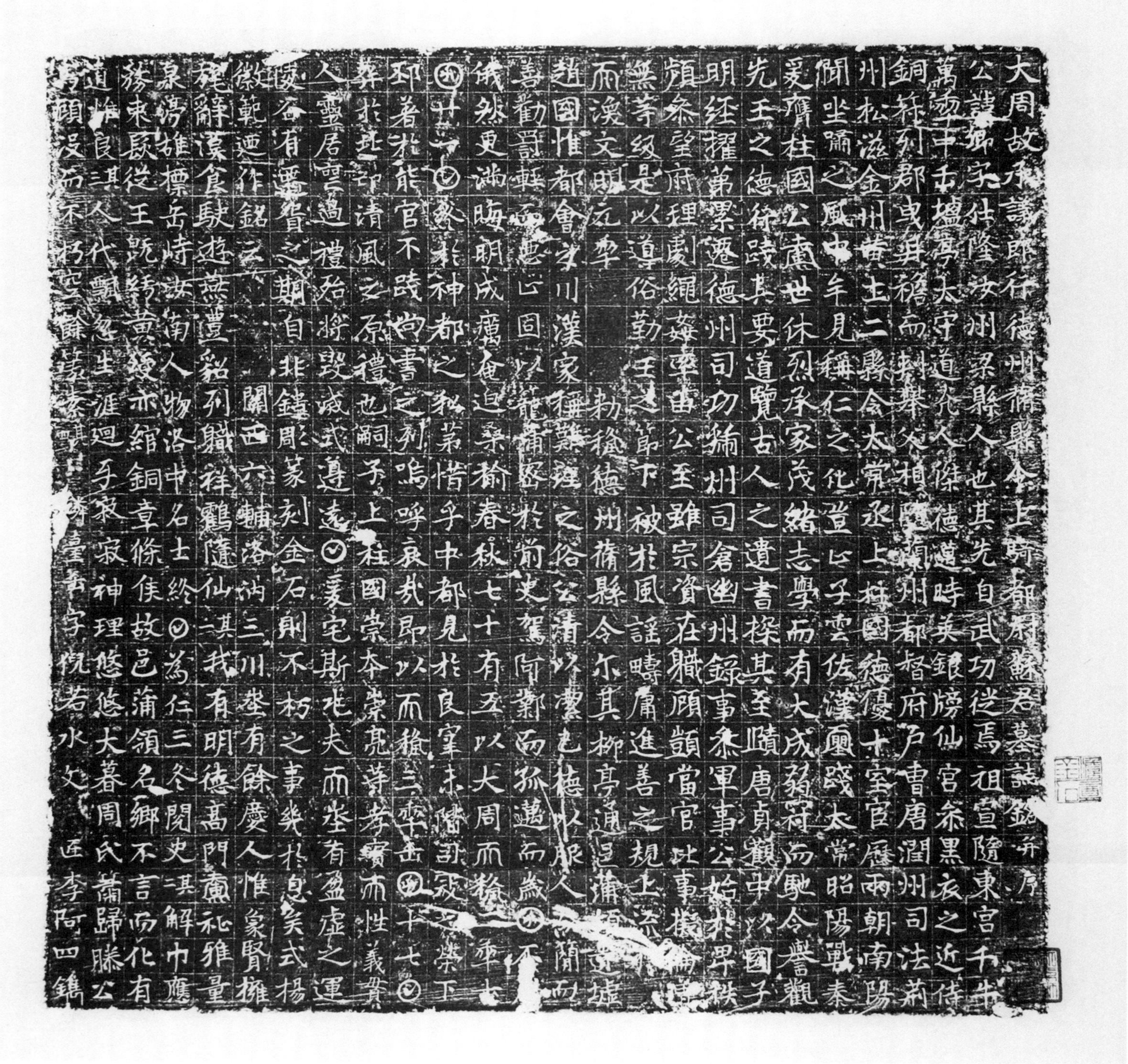

PT/613 蘇卿墓誌 （唐）倪若水撰 （唐）李阿四鐫

唐天授三年（692）正月十七日葬 河南省洛陽市出土

清末民國拓本 1張 44 cm×44 cm

正書

首題：大周故承議郎行德州蓨縣令上騎都尉蘇君墓誌銘并序

鈐印：章鈺印、澹盦金石

章鈺題簽：鐫匠"李阿四"與今流俗呼名相同

PT/619　申屠義墓誌　佚名撰

唐如意元年（692）九月十八日葬　山西省長治市出土

清末民國拓本　1張　54 cm×54 cm

正書

首題：大周故飛騎尉申屠府君墓誌銘并序

鈐印：澹盦金石

PT/620 許琮妻李氏墓誌 佚名撰

唐長壽二年（693）正月二十九日葬 河南省洛陽市出土

清末民國拓本 1張 43 cm×43 cm

正書

首題：大周朝散大夫行右千牛衛長史上騎都尉高陽郡公士許琮故妻贊皇縣君李氏墓誌銘并序

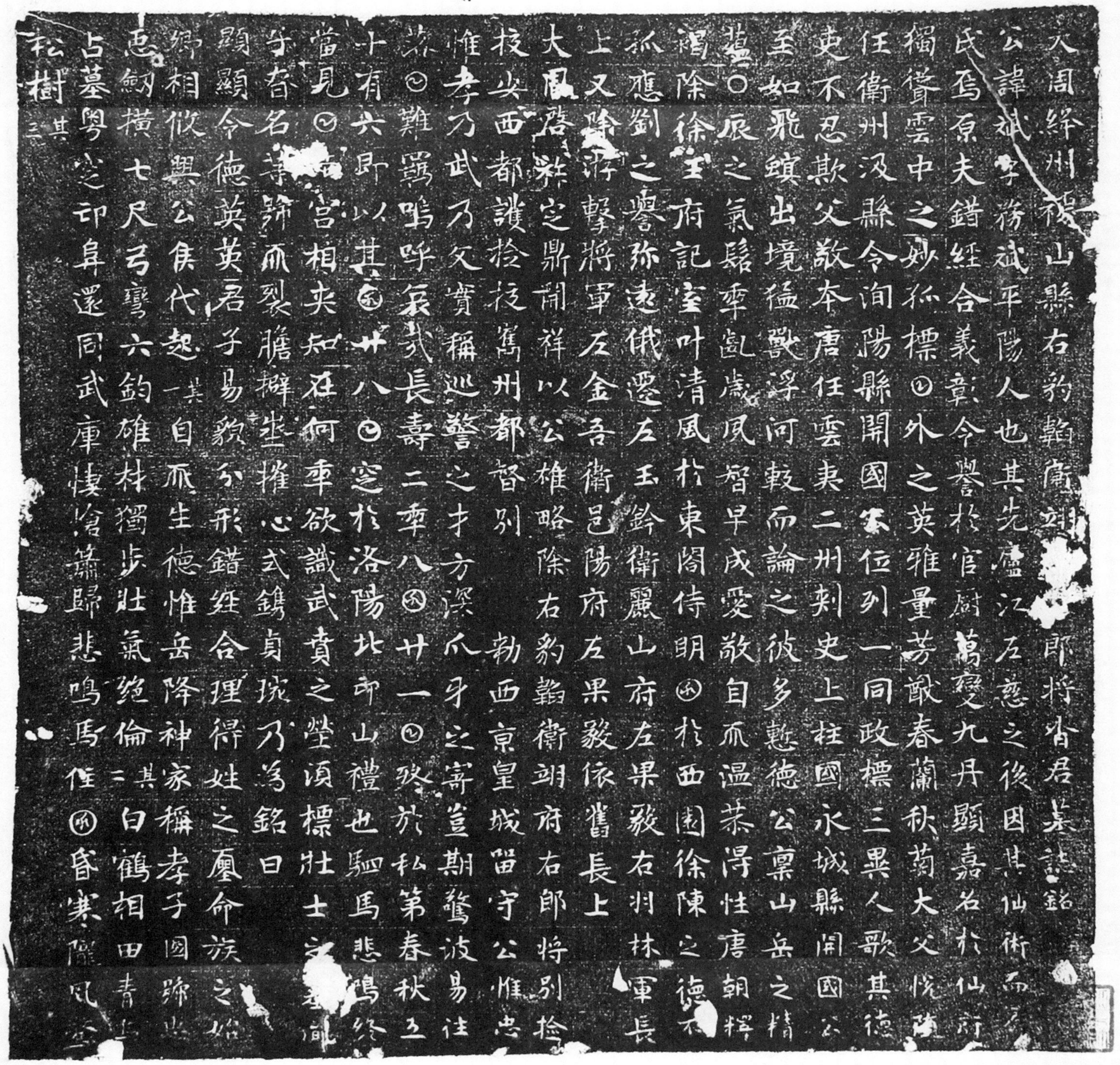

PT/622　昝斌墓誌　佚名撰

唐長壽二年（693）八月二十八日葬　河南省洛陽市出土

清末民國拓本　1張　38 cm×38 cm

正書

首題：大周絳州稷山縣右豹韜衛翊［府右］郎將昝君墓誌銘并序

PT/621　程仵郎墓誌　佚名撰

唐長壽二年（693）十月十七日葬　河北省雄安新區雄縣出土

清末民國拓本　1張　43 cm×42 cm

正書

首題：［唐］故程君墓誌之銘并序

鈐印：倉永齡印

倉永齡題簽：按，“長授”應是“長壽”之誤，或“天授”之誤

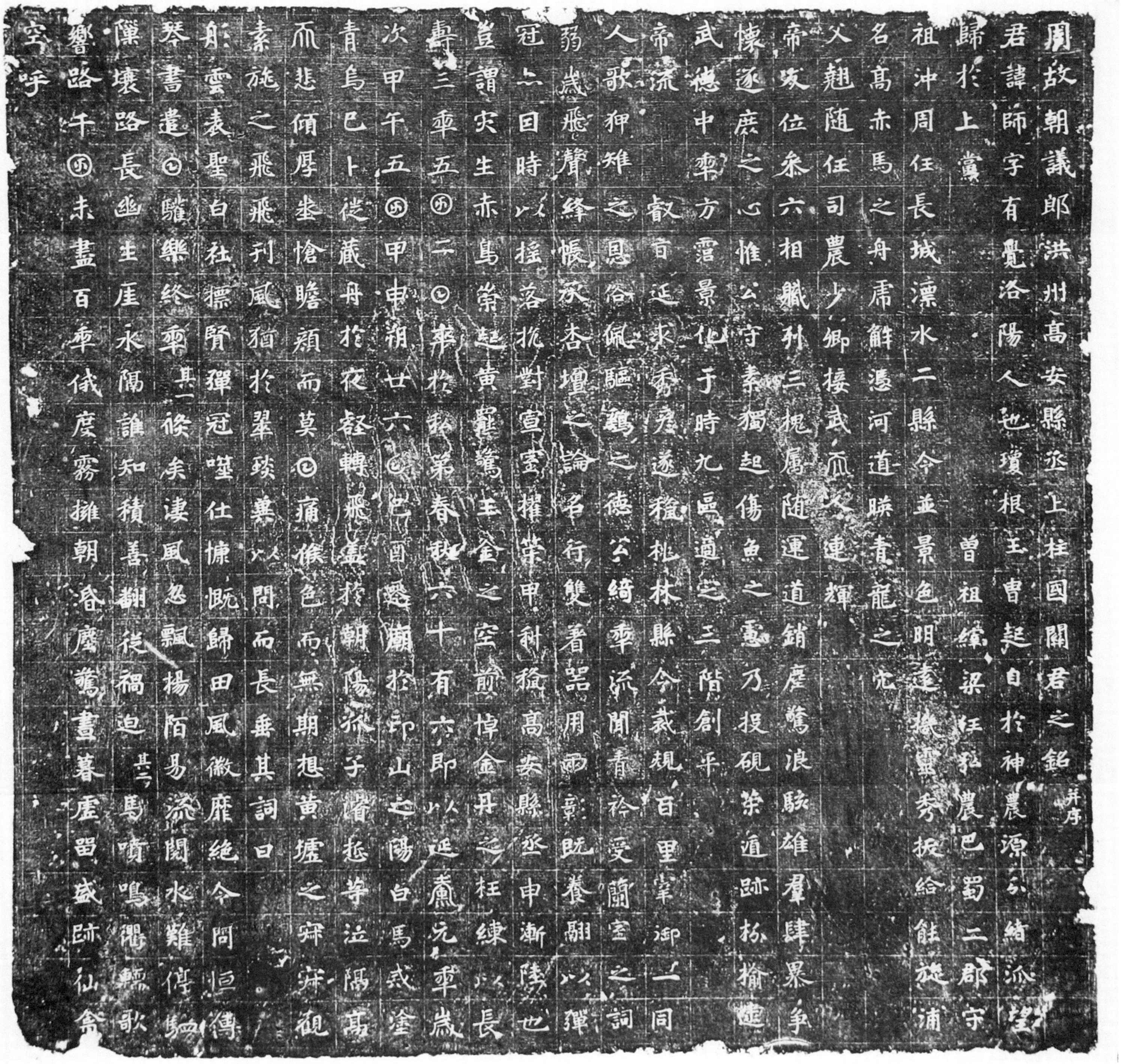

PT/623　關師墓誌　佚名撰

唐延載元年（694）五月二十六日葬　河南省洛陽市出土

清末民國拓本　1張　58 cm×58 cm

正書

首題： 周故朝議郎洪州高安縣丞上柱國關君之銘并序

鈐印： 澹盦

PT/624　馮操墓誌　佚名撰

唐天册萬歲二年（696）正月二日葬　河南省洛陽市出土

清末民國拓本　1張　36 cm×36 cm

正書

首題： 周故人馮處士墓誌之銘并序

鈐印： 澹盦金石

PT/625　劉君妻郭寶墓誌　（唐）劉元節撰

唐萬歲登封元年（696）二月十二日葬　河南省洛陽市出土

清末民國拓本　1張　52 cm×52 cm

正書

首題： 大周劉君夫人清源縣太君郭氏墓記銘并序

鈐印： 澹盦

倉永齡題簽： 庚申得於都門

PT/626　張君妻徐明墓誌　佚名撰

唐萬歲通天元年（696）六月十五日葬　河南省洛陽市出土

清末民國拓本　1張　44 cm×44 cm

正書

首題： 大周張君徐夫人墓誌銘并序

鈐印： 澹盦

ST/627　崔銳妻高漆娘墓誌　佚名撰

唐萬歲通天元年（696）七月六日葬　河南省洛陽市出土

清拓本　1張　43 cm×43 cm

正書

首題： 大周崔銳夫人高氏墓誌并序

ST/629 梁師亮墓誌 佚名撰

唐萬歲通天二年（697）三月六日葬　陝西省西安市出土

清拓本　1張　54 cm×70 cm

正書

首題：大周故珍州榮德縣丞梁君墓誌銘并序

鈐印：倉永齡印、澹盦金石

倉永齡題簽：甲寅

大周前承務郎行趙州贊皇縣主簿劉含章故李夫
人墓誌銘并序
夫人諱五娘字玉京仙龍西成紀人也家風代實可
[illegible][illegible]言焉曾祖纂隨蒲州虞鄉縣丞祖信隨并州清
源縣令贊去雷於讓邑莅聚宿於潛丘解褐曺藝遂
家于河南為洛陽人也父承嗣唐施州清江縣主簿
卑秩自安及親而仕退官寧侍色養于家夫人即公
之第五女也令姿婉順淑德貞柔孝敬自而聰惠年
性至若紃組丹青之妙絲桐琴弈之伎娛賓投壺之
禮待字擬雪之能莫不衆義畢歸獨妙斯舉年逾二
八作嬪君子禮終納采適于弘農劉氏敬盡如賓德
齊舉案奉先以孝執下以柔親族嘉其禮容實焉聞
芳之秀何圖降齡不永春秋廿有三誕女構疾以萬
歲通天二年六月八日終於永昌縣伊水鄉私第鳴
[illegible]親賓掩泣鄰舂輟相良人抱恨哭鸞鏡之空懸芳
魂上月對鴛衾而歎息即以其年是月廿一日遷窆
於邙山禮也日改月化谷從陵遷兆之塋琰乃為銘
曰
窈[illegible]淑女威儀六感歸容毋訓三從四德柔順斯在
貞正安則擢秋無光松寒起色千年萬歲佳城何[illegible]

PT/628　劉含章妻李五娘墓誌　佚名撰

唐萬歲通天二年（697）六月二十一日葬　河南省洛陽市出土

清末民國拓本　1張　35 cm×35 cm

正書

首題： 大周前承務郎行趙州贊皇縣主簿劉含章故李夫人墓誌銘并序

PT/630　韓仁惠墓誌　佚名撰

唐萬歲通天二年（697）八月二十一日葬　河南省洛陽市出土

清末民國拓本　1張　35 cm×35 cm

正書

首題： 大周文林郎上護軍韓府君墓誌銘并序

PT/631　張素墓誌　佚名撰

唐神功元年（697）十月二十二日葬　河南省洛陽市出土

清末民國拓本　1張　55 cm×56 cm

正書

首題： 大周故上柱國張府君墓誌銘并序

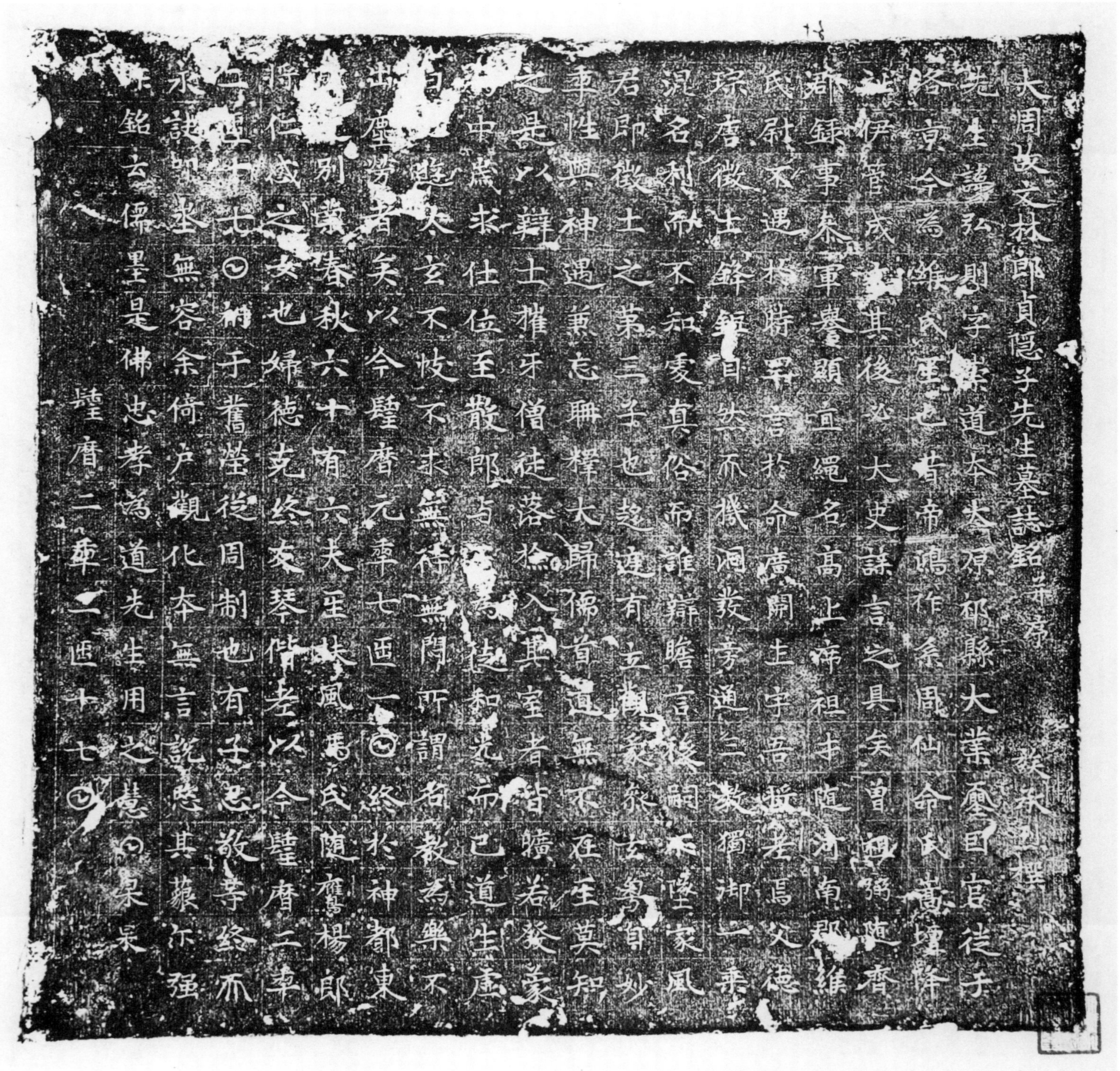
大周故文林郎貞隱子先生墓誌銘并序　族承烈撰
先生諱弘則字業道本太原郁縣大業□因官徙于
洛京今為緱氏人也昔帝鴻作系鳳仙命氏萬壤降
□伊管成□其後必大史謀言之具矣曾□弼隨齊
郡錄事參軍譽顯亘繩名高上帝祖于隨河南郡維
氏尉不遇於時□言於命廣闢主宇吾□老焉文德
琮唐徵士鋒鍾自然而機洞發旁通二教獨御一乘
混名利而不知處真俗而誰辯瞻言後嗣不墜家風
君郎徵士之第三子也超達有立□□象玄□自妙
季性與神遇兼忘聃釋大歸儒首道無不在生莫知
之是以辯士推牙僧徒落於入其室者皆曉若發蒙
□中歲求仕位至散郎与□徒和光而已道生虛
自□遊大玄不忮不求無待無閑所謂名教為樂不
出塵勞者矣以今聖曆元年七月一日終於神都東
□□別業春秋六十有六夫人扶風馬氏隨鴈楊郎
將仁戚之女也婦德克終交琴偕老以今聖曆二年
二月十七日祔于舊塋從周制也有子思敬等終而
永誄□□無容余倚戶觀化本無言說□其藐尒强
□銘云儒墨是佛忠孝為道先生用之慧日杲杲
聖曆二年二月十七日

PT/632　□弘則墓誌（貞隱子墓誌）　（唐）族承烈撰

唐聖曆二年（699）二月十七日葬　河南省洛陽市出土

清末民國拓本　1張　40 cm×40 cm

正書

首題： 大周故文林郎貞隱子先生墓誌銘并序

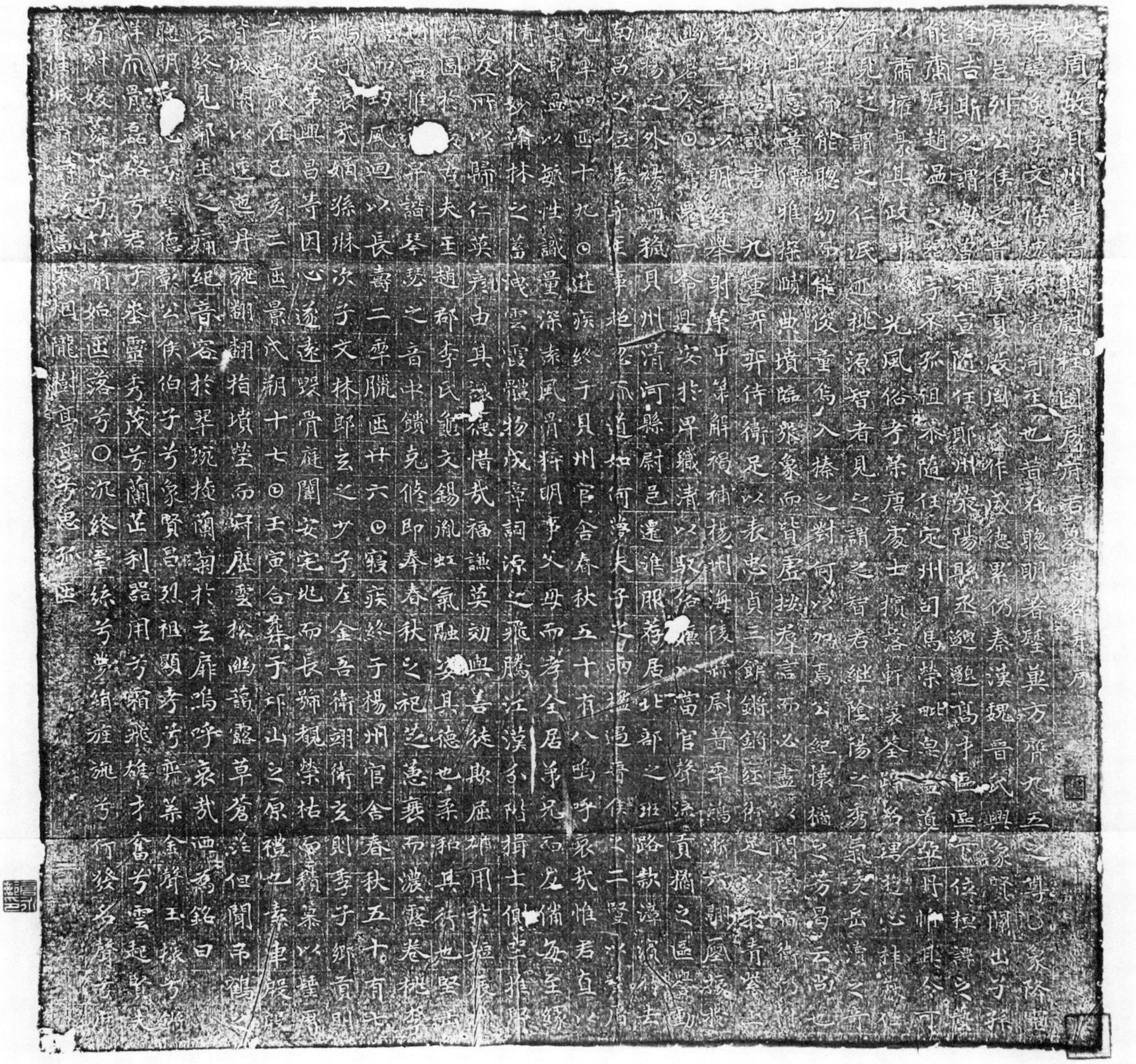

PT/633　房逸墓誌　佚名撰

唐聖曆二年（699）二月十七日葬　河南省洛陽市出土

民國拓本　1張　57 cm×57 cm

正書

首題：大周故貝州清河縣尉柱國房府君墓誌銘并序

鈐印：倉氏金石文字、倉永齡印

PT/634　慕容君妻費婉墓誌　佚名撰

唐聖曆二年（699）八月九日葬　河南省洛陽市出土

清末民國拓本　1張　60 cm×59 cm

正書

首題： 夏官郎中慕容君唐故夫人費氏墓誌銘并序

PT/635　牛阿師墓誌　佚名撰

唐聖曆二年（699）十二月二十日葬　河南省洛陽市出土

清末民國拓本　1張　43 cm×43 cm

正書

首題：大周故雲騎尉隴西郡牛府君墓誌銘并序

倉永齡題簽：庚申得於都門

PT/636　戴希晉墓誌　佚名撰

唐聖曆三年（700）二月二日葬　陝西省西安市長安區出土

清末民國拓本　1張　48 cm×48 cm

行書

首題：大周故致果校尉左千牛備身戴君墓誌銘并序

鈐印：倉氏金石文字、倉永齡印、澹盦金石

倉永齡題簽：甲寅